Gottfried von Bulow

Gero, Bischof von Halberstadt

Gottfried von Bülow

Gero, Bischof von Halberstadt

ISBN/EAN: 9783744618953

Hergestellt in Europa, USA, Kanada, Australien, Japan

Cover: Foto ©ninafisch / pixelio.de

Weitere Bücher finden Sie auf **www.hansebooks.com**

Gero, Bischof von Halberstadt,

nebst

einem Anhange über

die Diplomatik der halberstädter Bischöfe

in der letzten Hälfte des 12. Jahrhunderts.

Inaugural-Dissertation,

welche

mit Erlaubniss der hohen philosophischen Facultät

der

Universität Greifswald

zur

Erlangung der philosophischen Doctorwürde

am 13. April 1871

sammt den hinzugefügten Thesen

öffentlich vertheidigen wird

Gottfried von Bülow

aus Niesky.

Opponenten:

Georg Schömann, Candidat der Philologie.
Joh. Luchs } ordentl. Mitglieder des Kgl. phil. Seminars.
Joh. Rudolph

Berlin.

Druck von Gebr. Unger (Th. Grimm), Friedrichstrasse 24.

1871.

Während Karl der Grosse im Jahre 778 von dem siegreichen Feldzuge gegen die Araber aus Spanien zurückkehrte, versammelten sich die kriegerischen Basken im Norden dieses Landes und brachten seinem Heer, kurz ehe dasselbe den heimathlichen Boden wieder betrat, auf dem Durchzug durch die Pyrenäen bei Roncevalles einen schweren Verlust bei. Dieses Unglück im Süden des Reiches fand einen Widerhall weit im Norden an der Weser und am Rhein, wo die alten Feinde, die Sachsen, in ungebeugtem Trotz und der früheren Freiheit eingedenk, die sich bietende Gelegenheit, wo ihr Gegner unterlegen, rasch ergriffen, um das lästige Joch politischer und geistlicher Herrschaft alsbald abzuwerfen. Nicht nur im eignen Lande zerstörten sie die Kirchen und tödteten die Geistlichen, sondern sie drangen auch bis an den Rhein vor, um die Franken anzugreifen.

Da eilte Karl selbst auf den Kampfplatz (779 und 780) und unterwarf von Neuem die Empörer, indem er namentlich an der fränkischen Grenze und an der Elbe Befestigungen anlegte, welche die Sachsen in Unterwerfung erhielten. Auch wurden die zerstörten Kirchen wieder aufgebaut, neue gegründet, und das ganze Land in bischöfliche Sprengel eingetheilt, von denen aus die Bekehrung und Unterwerfung seiner Bewohner Hand in Hand bewerkstelligt werden sollte. Während in Westphalen die Bisthümer Münster und Osnabrück gegrün-

— 2 —

det wurden, wurde für das nördliche Thüringen ein eigner Bischofsstuhl zu Halberstadt (Seligenstadt, Osterwiek) bestimmt (781?). (Chron. Halb. v. Schatz, S. 2.)

Die ersten Anfänge der Geschichtschreibung Halberstadts fallen wahrscheinlich in die Zeit des dritten Bischofs, Haimo[1]), der ein Schüler Alcuin's und Freund Hraban's war. Dass unter ihm auch die Geschichte des halberstädter Bisthums bearbeitet worden sei, ist eine Vermuthung, die sich auf seine Thätigkeit auf ähnlichem Gebiete stützt, er verfasste ausser anderen theologischen Werken einen Auszug aus der Kirchengeschichte des Rufinus. Die geschichtlichen Aufzeichnungen aus dieser ersten Zeit des Bisthums sind für uns jedoch verloren, wir können nur noch undeutlich in späteren Werken sie als benutzt erkennen. So waren dem metrischen Bearbeiter von Einhard's Annalen, dem poeta Saxo[2]), als welchen Pertz den Mönch Hagius im Kloster Lammspringe annimmt, den Bruder und Biographen der ersten Aebtissin von Gandersheim, Hathumod, halberstädter Jahrbücher (bis 874) bekannt, die er vom 4. Buche seines Gedichts an (v. J. 801) benutzt. Er erwähnt die Gründung des Bisthums i. J. 781, bei welcher Gelegenheit dem heil. Stephanus zu Seligenstadt ein Kloster gegründet, dasselbe aber später nach Halberstadt verlegt wurde[3]).

Grosse Beeinträchtigung an Macht und Ausdehnung musste das Bisthum erleiden, als Kaiser Otto I., der sich Magdeburg zum geistigen Mittelpunkt für die wendischen Länder ersehen hatte, daselbst (967) auch ein neues Bisthum errichtete, dessen Sprengel theilweis auf Kosten des halberstädter hergerichtet ward. Allerdings war die letztere Stadt durch ihre Lage an einem grossen Flusse und einer wichtigen Handelsstrasse nach

---

[1] Ernannt 840, gest. 27. März 853. Mon. SS. I, S. 368: Ruodolfi Ann. Fuldens. z. Jahr 853.

[2] Mon. SS. I, S. 225: Poetae Saxonis Annales de gestis Karoli Magni.

[3] a. a. O. „monasterium, quod postea in locum translatum est, qui dicitur Halverstede, ubi nunc est sedis episcopalis."

den östlichen Gegenden hin besonders geeignet, ein Stapelplatz kaufmännischen Verkehrs sowohl als ein Centrum der Christianisirung der slawischen Völker zu sein. Auch blieb der ehrwürdigen mater immer noch ein weites Feld der Thätigkeit, neben welchem sie ohne Neid die begünstigte filia neben sich zu reichen Ehren gelangen sehen konnte. Fünfzig Jahre nach der Abzweigung des magdeburgischen Sprengels wurde die halberstädter bischöfliche Kirche in Gegenwart Kaiser Heinrich's II. und dessen Gemahlin Kunigunde vom halberstädter Bischof Arnulf[1]) feierlich eingeweiht und von beiden mit reichen Gaben beschenkt.[2])

Schon vorher war Heinrich zu Festzeiten mehrmals in Halberstadt gewesen, so am 16 Mai 1003 zu Pfingsten[3]), und am 24. Februar 1017 kam er abermals mit seiner Gemahlin von Magdeburg her.[4])

An den heissen Kämpfen zwischen der weltlichen und geistlichen Macht, welche sich durch das ganze Mittelalter ziehen, haben auch die halberstädter Bischöfe regen Antheil genommen, und obgleich hier nicht der Ort ist, eingehend davon zu handeln, so mögen doch einige derselben kurz erwähnt werden Bischof Burchard (Bucco), 1059 bis 11. April 1088, an welchem Tage er ermordet wurde, war einer der heftigsten Parteigänger gegen Kaiser Heinrich IV., ja er wird ganz eigentlich als die Haupttriebfeder des Sachsenaufstandes genannt, obgleich er vordem in der Gunst des Kaisers gestanden hatte, und nicht ohne Einfluss gewesen war. Burchard's Nachfolger (wenn man Bischof Dietmar übergeht, der nur wenige Tage die bischöfliche Würde inne hatte) Herrand (Stephan),

---

1) 13. Dezbr. 996 — 7. Septbr. 1023.
2) Mon. SS. III, Annal. Quedl. 1021, 25. Septbr. Hierbei hat unter den Schutzheiligen der Kirche der später allein genannte S. Stephanus erst die fünfte Stelle nach der heil. Dreieinigkeit, der Mutter Maria, Johannes dem Täufer und Petrus. Nach S. Stephanus kommen dann noch S. Dionysius und S. Servatius.
3) Mon. SS. IV, Adelboldi vita Heinrici II, S. 689.
4) Thietmar von Merseburg in Mon. SS. III, S. 863, Cap. 38.

1089 bis 23. October 1102, war ein nicht minder eifriger Gregorianer, und schrieb nicht nur noch als Abt von Ilsenburg ein Martyrium seines Vorgängers[1]), sondern nahm auch in directer Weise Theil an dem Flugschriftenkriege, der neben dem Waffenkampf zwischen der kaiserlichen und päpstlichen Partei geführt ward.[2]) Zu schwach, um sich gegen den Gegenbischof Friedrich zu halten, der erst 1105 auf der Synode zu Nordhausen suspendirt wurde, lebte er meist ausserhalb des Stiftes.

— Die nun folgenden Männer scheinen friedlich gesinnt gewesen zu sein[3]), bis unter dem unmittelbaren Vorgänger unseres Gero, Ulrich[4]), das Bisthum ein Schauplatz der Verwüstung wird, an der das Festhalten des Bischofs an der päpstlichen Partei nur theilweise die Schuld trägt, vielmehr war es der Zusammenstoss zweier so starrsinniger Männer, wie Ulrich und Herzog Heinrich der Löwe, der dem Bisthum diese unruhigen Zeiten bereitete.

Ehe ich die Geschichte Gero's berühre, wird es nöthig sein, die allgemeinen Verhältnisse dieser Zeit näher in's Auge zu fassen. Die starke und selbständige Stellung im Reiche, welche die kräftigen Kaiser aus dem Hause der Salier den weltlichen Fürsten gegenüber einnahmen, hatte eine ihrer festesten Stützen darin, dass jene in den Bischöfen des Reiches treue Bundesgenossen sich zu verschaffen gewusst hatten, und dass so eine Coalition zu Stande kam, der keine feindliche Macht gewachsen war. Erst als während der Vormundschaftsregierung für den jungen Heinrich IV. diese drei Parteien in eine andere Stellung zu einander geriethen, strebten die welt-

---

1) Abel, Sammlung alter Chroniken, S. 989; es ist grossentheils aufgenommen beim Analista Saxo z. J. 1088.
2) Mon. SS. XVII, Annal. Dissibod. 10—14. Dieser Schriftenwechsel ist dort in das Jahr 1090 gesetzt, nach Giesebrecht III, 2. S. 1050 kann er nicht vor 1094 stattgehabt haben.
3) Reinhard: in iusticia strenuus, religiouis amore praecipuus, ad salutem multorum electus — Otto: vir pacificus et mansuetus — Rudolf: vir patiens et quietus et vita honestus, vgl. Chron. Halb. v. Schatz.
4) 1149—1160, und 1177—1180.

lichen Fürsten gegen die Uebermacht der Geistlichkeit im Reiche an und verbanden sich im weiteren Verlauf der Ereignisse im Kampfe zwischen Heinrich IV. und Gregor VII. mit dem letzteren gegen ihr weltliches Oberhaupt. Erst unter den hohenstaufischen Kaisern kam es bei der erbitterten Fehde, die Friedrich I. mit dem Papste Alexander III. führte, wieder zu einer Annäherung zwischen dem ersteren und den weltlichen Fürsten. Freilich musste der Kaiser die ihm augenblicklich so nöthige Hülfe theuer erkaufen durch Ertheilung grosser Lehen und anderer Vortheile an seine Bundesgenossen, deren Bestrebungen schon in dem kurze Zeit vorher unter Conrad III. ausgebrochenen Kampfe zwischen Welfen und Hohenstaufen eine für sie günstige Wendung bekommen hatten. Denn wenn auch die deutschen Fürsten namentlich Norddeutschlands die grosse Machtstellung, welche Friedrich dem Haupte der Welfen, dem Herzog Heinrich dem Löwen von Baiern durch die Belehnung mit Sachsen einräumte, nur mit Widerwillen sahen, so erstrebten sie doch sämmtlich dasselbe Ziel wie dieser, nemlich möglichste Unabhängigkeit von dem Oberhaupte des Reiches, und erreichten es nach dem Sturze ihres Vorbildes zwar langsamer aber sicherer.

In dem Widerstande, den die sächsischen geistlichen wie weltlichen Fürsten den Souveränetäts-Bestrebungen Herzog Heinrich's entgegenstellten, spielt Bischof Ulrich von Halberstadt eine der hervorragendsten Rollen. Am thatkräftigsten stemmt er sich den Ansprüchen des Herzogs entgegen und ist die Seele des Kampfes, den die Fürsten mit dem übermächtigen Gegner beginnen. Dass er in demselben zweimal unterlag und endlich gebrochenen Muthes starb, ist verschiedenen Ursachen zuzuschreiben, die ich, weil eigentlich ausserhalb meines Themas liegend, hier nur andeutend berühren will, um so auf die Umstände, denen Gero seine Erhebung auf den bischöflichen Stuhl verdankte, hinüberzuleiten. Dem Papste Alexander III. gegenüber, der wenn auch nicht persönlich am Kampfe theilnehmend, doch die Seele des hartnäckigen Widerstandes war, den die lombardischen Städte dem Kaiser entgegensetzten, nahm die Geistlichkeit des Reiches keineswegs die Stellung ein, die der Kaiser erwartet hatte. Statt sich dem kaiserlichen Papste Victor IV. anzuschliessen, verweigerte vielmehr namentlich die süddeutsche Geistlichkeit demselben entschieden den Gehorsam und hielt trotz der Mahnungen des Kaisers an Alexander fest. Auch im Norden fehlte es nicht an Opposition, wenngleich die Furcht vor der Macht des Kaisers und mehr noch vor der in nächster Nähe sie bedrohenden Gewaltthätigkeit des Herzogs Heinrich's des Löwen manche von ihnen zu klugem Schweigen und um des Friedens willen auch zu äusserer Anerkennung Victor's bewegen mochte. Wer aber nicht schwieg, und noch viel weniger dem schismatischen Papste auch nur den Schein des Gehorsams leisten wollte, wie er sich schon seiner Wahl zuwider gezeigt hatte, das war neben Conrad von Mainz vorzugsweise auch Ulrich von Halberstadt, der sich offen für Alexander aussprach.[1])

Die Art, wie Bischof Ulrich sein Bisthum verlor und unserem Gero den Stuhl einzuräumen genöthigt ward, war diese: Gegen Ende des Octobers 1154[2]) hatten sich die deutschen Fürsten und ihre Schaaren auf dem Lechfelde bei Augsburg versammelt, um mit dem König Friedrich zur Erwerbung der Kaiserkrone und zur Regelung der italischen Angelegenheiten die Alpen zu überschreiten. Unter ihnen fehlte auch Herzog Heinrich von Sachsen nicht, der damals noch als mächtigste Stütze der Macht mit Friedrich befreundet war, von diesem zur Unzufriedenheit der anderen Fürsten mit Auszeichnung behandelt wurde und sein Stellvertreter in den Reichsangelegenheiten war. Erst später, als Friedrich einsah, dass auch dieser letzte grosse Herzog, uneingedenk der Quelle der ihm übertragenen Amtsgewalt, seine zu leistende Beihülfe erst

---

1) Philippson, H. d. L. I, S. 313. Prutz, H. d. L. S. 181; Chron. Halb. v. Schatz S. 59; Chron. Mont. Ser. v. Eckstein, S. 31; Mon. SS. XVI, Ann. Pegav. S. 260.
2) „Circa festum Mychaelis", Ann. Colon. Max. S. 765.

von einer Stärkung der eignen Landesherrschaft abhängig machte, überliess er ihn dem Spiel der verschiedenen feindlichen Gewalten, um ihn zuletzt als Reichsfeind zu ächten. Heinrich's Reisige gaben denen des Königs an Zahl wenig nach.¹) In Italien angelangt, marschirte das Heer von Verona westwärts nach Brescia und wandte sich von da nach Piacenza, wo der Po überschritten ward, um auf der südlich desselben sich weithin erstreckenden Ebene, den roncalischen Gefilden, ein grosses Lager zu beziehen.²) Hier musterte Friedrich nach althergebrachter Sitte die Schaaren seiner Vasallen und erneuerte zugleich die Lehnsgesetze, indem er den Verlust des Lehnes als Strafe für diejenigen bestimmte, welche dem Rufe zur Romfahrt nicht Folge geleistet hatten.³) Nach alter Sitte liess er in der Mitte des Lagers sein Schild an einem Pfosten aufhängen als ein Zeichen, dass die Vasallen sich gewaffnet bei ihm einfinden sollten. Wer dem Rufe nicht Folge leistete, verlor zur Strafe sein Lehen. Diese Strafe erfuhren zwei geistliche Fürsten, der Erzbischof Hartwig von Bremen und Ulrich, Bischof von Halberstadt, welche beide sich der Heerfahrt nach Italien entzogen hatten. Im Jahre 1156 kam ein Abgesandter Friedrich's zuerst nach Bremen und zog alle bischöflichen Güter für den Fiskus ein. Danach geschah dasselbe auch mit Ulrich.⁴) Am 1. Mai d. J. 1156 hielt der Kaiser selbst eine Versammlung zu Halberstadt.⁵)

Die Vollziehung des Urtheilsspruches gegen Ulrich scheint entweder während oder gleich nach einer Meerfahrt desselben nach dem gelobten Lande stattgefunden zu haben, welche er mit dem Herzoge Albrecht dem Bären, dessen Gemahlin und

---

1) Mon. SS. XVIII, S. 694.
2) Otto Frising. II, 12.
3) Mon. Leges II, S. 96, den 5. Dezbr. 1154 stellt Friedrich daselbst eine Urkunde aus.
4) Orig. Guelf. III, S. 40; Otto Frising. a. a. O.
5) Chron. Mont. Ser. v. Eckstein, S. 28. Mon. SS. XVI, S. 89: Annal. Palid. u. ebenda S. 191: Annal. Magdeburg.

Anderen 1158 bis 1160 unternommen hatte.¹) Im Auftrage des Kaisers vollzog Herzog Heinrich der Löwe das Urtheil, ihm war dabei als Vertreter des Papstes Victor IV. ein nach Deutschland geschickter Cardinallegat, Eberhard, zur Seite gestellt.²) Auch zog Niemand grösseren Gewinn daraus, als der Herzog selbst, dessen ärgster Feind Ulrich gewesen war, ja wenn die später so ganz entschieden feindliche Stellung desselben zu dem Kaiser Friedrich sowohl als zum Herzog Heinrich in's Auge gefasst wird, so ist die Meinung berechtigt, dass ein Theil der früher vom Bischof inne gehabten Lehen an Heinrich selbst übertragen worden seien. Die beiden Burgen Alvensleben und Gattersleben werden namentlich als solche genannt, die Ulrich nach seiner Rückkehr wieder in den Besitz des bischöflichen Stuhls brachte.³)

In welchem Theil des Jahres 1160 die Absetzung Ulrich's und die Erhebung Gero's zur bischöflichen Würde stattgefunden hat, lässt sich mit völliger Sicherheit nicht bestimmen. Jedoch giebt es eine Urkunde des Markgrafen Albrecht's des Bären von Brandenburg, welche beweist, dass Gero erst während der letzten vier Monate dieses Jahres Bischof geworden sein kann.⁴)

Gero⁵) gehörte zu dem hochangesehenen Geschlecht der Edlen von Schermke, deren Stammhaus, welches später die Herren von der Asseburg besessen haben, zwischen Oschers-

---

1) Mon. SS XVI, S. 99 in Annal. Palid. u. Chron. Mont. Ser. v. Eckstein S. 31. Eine Urkunde Albrecht's von 1158, in der auch Ulrich als Zeuge vorkommt, legt v. Heinemann Cod. Anhalt. in die Zeit vom Januar bis spätestens März.
2) Annal. Pegav. in Mon. SS. XVI, S. 260 u Chron. Mont. Ser. a. a O.
3) Chron. Halb. v. Schatz, S. 61. Chron. Sanpetr. Erphord. v. Stübel, S. 37.
4) Cod Anh. I, 2, S. 333 nach d. Orig. i St.-A. zu Berlin, das Datum desselben lautet: actum anno incarn. dom. 1160, epacta XIᵃ, concurrente Vº, indictione VIIIᵃ, regnante Friderico Rom. imp. s. aug. et Odelrico venerabili episcopo Halb. eccl. presidente.
5) Chron. Riddagshus. S. 14.

leben und Amfurt liegt.¹) Diese Abstammung aus hohem Geschlechte war nothwendig, um ihn als Mitglied des Domstiftes zu Halberstadt zu qualificiren, denn wenn auch in den ältesten Zeiten die regierenden und dynastischen Geschlechter — die familiae procerum — keineswegs allein zum Eintritt in die Gesellschaft der Domherren einer Kathedrale berechtigt waren, so wurden sie jedenfalls bevorzugt vor Männern niederen Standes, und die meisten Domherren schon des 11. Jahrhunderts, deren Herkunft nachweisbar ist, gehören dem hohen Adel an. Im 12. Jahrhundert wurde diese Regel noch strenger beobachtet und das altehrwürdige Bisthum Halberstadt stand in dieser Beziehung seiner berühmten Tochter, dem Erzbisthume Magdeburg, wenig nach. — Wir finden gegen Ende des 12. Jahrhunderts noch einen Verwandten Gero's im geistlichen Stande, den Canonicus Arnold von Schermke.²)

Gero wird zunächst als Dompropst (praepositus ecclesiae S. Stephani) erwähnt, doch scheint er diese Stelle nur wenige Jahre bekleidet zu haben, ehe er zur bischöflichen Würde gelangte, denn noch im Jahre 1156 wird sein Vorgänger in der Präpositur, Heinrich, in einem Briefe des Bischofs Ulrich „ecclesiae beati Stephani maior praepositus" genannt.³) Jener Gero daher, welcher in einer Urkunde Ulrich's⁴) ohne weitere Bezeichnung die dritte Stelle unter den Zeugen nach dem camerarius Conrad und dem Baldowinus einnimmt, kann nicht mit voller Sicherheit für den späteren Bischof gehalten werden. Auch jener Canonicus Gero, welcher als letzter Zeuge geistlichen Standes in einer Urkunde, durch welche Bischof Ulrich die Besitzungen des Klosters Hillersleben bestätigt⁵), und welcher auch eine am 18. Januar 1160⁶) vom Markgrafen

---

1) Lentz, Stiftshist. v. Halb. S. 108. 2) Lentz, a. a. O. S. 109. Ebenda ein Hugold v. S. im Anfang des 13. Jahrhunderts.
3) Ludewig, Rel. Mscr. I, S 9.
4) 1150, in pago Suppelinge, bei Prutz, Heinrich der Löwe, S 471 aus dem Archive zu Wolfenbüttel.
5) 1152, Orig. im St.-A. zu Magdeburg s. R.: Kloster Hillersleben, 7.
6) Cod. Anhalt. I, 2. S. 332, Nr. 455 aus dem Orig. im St.-A. z. Magdbg.

Albrecht demselben Kloster gemachte Schenkung mitbezeugt, ist ein anderer.

Im folgenden Jahre, 1161, empfing der neue Bischof vom Papste Victor die Würde des Palliums[1]), der ihm auch von Cremona aus unter dem 24. April 1162 für seine Canoniker das Tragen von Dalmatiken beim Gottesdienste gestattete.[2]) Die Consecration dagegen vollzog Erzbischof Hartwich von Bremen.

Die erste Zeit seines neuen Amtes verbrachte Gero also in Italien, wohin er gegangen war, um die päpstliche und kaiserliche Bestätigung desselben sich zu holen. Als Kaiser Friedrich während des zweiten italienischen Zuges nach der Einnahme von Mailand am 1. März 1162 sich nach Pavia begab, um dort mit seinen Grossen über das Schicksal der widerspenstigen Stadt zu entscheiden, befand sich unter den vielen weltlichen und geistlichen Herren, die an dieser Versammlung Theil nahmen, auch Bischof Gero, denn wir finden seinen Namen[3]) unter den Zeugen jenes Bündnisses, welches der Kaiser am 6. April zu Pavia mit dem Consul Lambert als Vertreter der Stadt Pisa und ihren Bürgern abschloss, und in welchem er derselben ihre Rechte und Freiheiten bestätigte, um an ihr sowie an dem gleichfalls durch einen ähnlichen Act ihm verbundenen Genua eine Stütze gegen die übrigen feindlich gesinnten norditalischen Städte zu gewinnen.

Wie unumschränkt des Kaisers Machtstellung auf politischem Gebiet durch die Niederwerfung Mailands aber auch geworden war, ja wie kräftig er auch in die kirchlichen Angelegenheiten durch die erwähnten Absetzungen und Neubesetzungen hoher geistlicher Stellen handelnd eingriff, so war das Verhältniss zum Oberhaupte der Kirche doch keineswegs

---

1) Chron. Mont. Ser., S. 31 u. Ann. Magdeb. in Mon. SS. XVI, S. 192.
2) Jaffé Reg. Pontif. S. 830.
3) Gero Halberstratensis (!) steht zuletzt in der Reihe der Bischöfe, auf ihn folgt Erlebold Abt von Stablo. Cod Anhalt. I, 2, S. 340, Nr. 466; Stumpf, RCzlr. Nr. 3936, wo die Datirung berichtigt ist.

ein solches, wie er es wünschte, und wie es seinen Planen dienen konnte. Die Kirchenversammlung zu Pavia[1]), welche den Streit über die doppelte Papstwahl hatte beilegen sollen, war als unter dem Einfluss des Kaisers und ohnehin meist nur von deutschen Geistlichen besucht, von vornherein von der Partei des Cardinals Roland (Alexander III.) als nicht zu Recht bestehend angesehen worden, und als nun nach mehrtägiger Berathung die Väter sich für den Cardinal Octavianus entschieden hatten und ihn unter dem Namen Victor IV. durch Abgesandte auch in den andern Ländern als das neue Oberhaupt der Kirche verkünden wollten, da war Alexander muthig aufgetreten, hatte seinen Gegner und den Kaiser gebannt, und es dahin zu bringen gewusst, dass die wenigen Geistlichen Frankreichs, die gegen ihn gestimmt hatten, in üble Lage kamen, ja zum Theil fliehen mussten.[2]) Nachdem Ludwig VII. von Frankreich in seinen Entschlüssen in dieser Angelegenheit, obgleich im Allgemeinen einem nicht kaiserlichen Papste mehr zugeneigt, doch öfters geschwankt hatte, sollte zwischen ihm und dem Kaiser sowie den beiden Päpsten eine Zusammenkunft in S. Jean de Losne zur Regelung der Papstfrage stattfinden.[3]) Sie unterblieb jedoch.

Aus einigen hier ausgestellten Urkunden Friedrich's vom 7. und 8. Sept. 1162[4]) ist aber ersichtlich, dass Gero von Italien her in seinem Gefolge war und an den für den Norden des Reiches so wichtigen Verhandlungen Theil nahm, die jetzt hier stattfanden, so namentlich an der Huldigung Waldemar's von Dänemark und an dem Plane des Erzbischofs Hartwig von Bremen zur Stiftung eines Patriarchats über Skandinavien.[5]) Ob er dem Kaiser auch auf dessen weiteren Zügen

---

1) Eröffnet 4. Febr. 1160.
2) z. B. der Abt Hugo v. Clugny, Gallia christ. IV, 1140. Vgl. Philippson H. d. L. II. S. 15 u. 410. Anm. b.
3) 29. Aug. 1162. Vgl. Philippson, H. d. L. II, S. 28 u. 412.
4) Muratori, Antiq. Ital. VI, 57; Cod. Anhalt. I, 2. S. 348. — Stumpf, RCzlr. Nr. 3967 u. 3968, letztere hält derselbe für falsch.
5) Saxo Gramm. S 778 u. Ann. Stadens. S. 345.

gefolgt ist, lässt sich nicht feststellen, wahrscheinlich jedoch hat er sich von hier aus direct in sein Bisthum begeben, um die Leitung desselben zu übernehmen. Am 28. Juli dieses Jahres ist er indess noch beim Kaiser in Worms.[1]) Urkundliche Nachrichten über ihn aus den letzten Monaten des Jahres 1162 fehlen.

Schon während seines Aufenthaltes in Italien hatte Gero einzelne Verordnungen über Angelegenheiten in der Heimath erlassen. So haben wir eine Urkunde vom 2. Februar 1162[2]), ohne Angabe des Ortes, in welcher er eine streitige Sache des Abtes Otto von Huysburg mit Hoyer von Walmigerode wegen eines früher der bischöflichen Kammer gehörigen Ministerialen Dietrich dahin schlichtet, dass letzterer dem Kloster zugetheilt wird. Um nicht mit leeren Händen aus Italien zurückzukehren, brachte er von Mailand die Körper der HH. Gervasius und Protasius mit[3]), und in diese frühe Zeit möchte wohl auch die Zusicherung des Münzrechtes zu setzen sein, welche der Kaiser ihm für seine Diöcese gab.[4]) Es ist hier nicht an die Verleihung eines ganz neuen Rechtes zu denken, denn bereits gegen Ende des 10. Jahrhunderts hatte Bischof Hildeward vom Kaiser Otto II. die Münzgerechtigkeit für das Stift erhalten[5]), vielmehr nur an eine Bestätigung, wie deren auch aus dem 10. und 11. Jahrhundert existiren.[6]) Der Kaiser musste doch den Bischof seiner Partei mit denselben Rechten ausrüsten, die der soeben auf seinen Befehl abgesetzte Ulrich, wie die von ihm noch erhaltenen Münzen beweisen, besessen und ausgeübt hatte.

---

1) Urkunde Friedrich's von diesem Tage in Cod. Anhalt. I, 2. S. 353, u. Stumpf, RCzlr. Nr. 3984.
2) Staatsarchiv zu Magdeburg, Cop. CVIII, fol. 4 und Cop. CIII, fol. 299v, in letzterem ist der Tag — 2. Febr. — hinzugefügt. Es ist die früheste von Gero bekannte Urkunde.
3) Lentz, Stiftshistorie v. Halberstadt, S. 84.
4) Es wurde „in presencia curie nostre ab omnibus principibus" darüber verhandelt. Prutz, Heinrich d. Löwe, S 486, u. Stumpf, RCzlr. Nr. 4558.
5) „ut in loco quodam sui episcopii, Saligenstadt vocato, publica moneta conficiatur", s. Leukfeld Ant. Num. Halb. S. 32.
6) Leukfeld a. a. O.

Die Bracteaten der halberstädter Bischöfe in der zweiten Hälfte des 12. Jahrhunderts, besonders Gardolph's, gehören sammt denen des Bischofs Wichman von Magdeburg und einiger andrer Münzherren von der Nord- und Ostseite des Harzes bekanntlich zu dem Vollkommensten, was die mittelalterliche Kunst auf diesem Gebiete hervorgebracht hat, und wer dem Fortschritt in der Kunst der Metallarbeiten einige Aufmerksamkeit zugewendet hat, kann nur bedauern, dass der Aufschwung, den dieselbe in dieser Zeit nahm, durch die späteren Zeitereignisse gehemmt und unterdrückt wurde.

Von Ulrich's Bracteaten und Halbbracteaten[1]) ist eine sehr bedeutende Anzahl und des verschiedenartigsten Gepräges auf uns gekommen, von denen sehr viele seinen Namen tragen. Merkwürdig ist an ihnen der grelle Contrast hinsichtlich der künstlerischen Ausführung: die einen sind so überaus zierlich und mit einem solchen Aufwand von Kunst gearbeitet, dass sie zu den schönsten Producten der Stempelschneidekunst gezählt werden können, die anderen so grob und plump, dass man sie einer weit älteren Zeit zulegen möchte, wenn die Beschaffenheit der erwähnten Münzfunde, denen wir sie verdanken, dies gestattete. Leider ist die so gefällig sich darbietende Erklärung, die letzteren stammten aus der Zeit der Verbannung Ulrich's, wo er eines geübten Stempelschneiders entbehrte, und seien als Nothmünzen anzusehen, nicht stichhaltig erfunden worden, denn wir haben schlechtgearbeitete Bracteaten dieses Bischofs, die für gleichzeitig mit den schönen angesehen werden müssen, und einer seiner Münzstätten zu Aschersleben oder Osterwiek angehört haben werden, wo vielleicht ein minder geschickter Künstler der Münze vorstand. Dass aber Ulrich während seines Exils sich sein Recht an das Bisthum durch Prägung von Münzen wahrte, geht hervor aus der Bemerkung. Helmold's.[2]) — Von Gero sind zunächst einige Halbbracteaten

---

1) Vgl. zu dem Folgenden Leukfeld, a. a. O. S. 60 ff. Mader, Zweiter Versuch über Bracteaten, S. 27 ff.; Steuzel, Bracteatenfund v. Freckleben; Schönemann, Grundzüge der Bracteatenkunde. 2) Chron. Slav. II, 17.

bekannt, die seinen Namen tragen. Der erste¹) zeigt auf der Vorderseite zwei durch einen Bogen verbundene Thürmchen, oben das Brustbild des Schutzpatrons S. Stephanus mit erhobenen Händen, unten das des Bischofs mit dem Krummstabe. Als besondere Eigenthümlichkeit dieser und der folgenden Münzen sind die von der Mitra herabhängenden, mit Quasten versehenen Bänder oder Schnüre zu erwähnen. Die Umschrift leidet an jenen bekannten Verstössen gegen die Rechtschreibung, die die meisten und darunter auch die schönsten Münzen jener Blüthezeit der Bracteaten zeigen, doch sind die Worte GERO · APSTADE ganz deutlich. Die Rückseite hat ein in den Ecken von Ringeln begleitetes Kreuz, die Umschrift ist zum Theil undeutlich, da bei den Halbbracteaten die Prägung der einen Seite immer die der anderen mehr oder weniger schädigte.

Ein zweiter Halbbracteat Gero's mit seinem Namen²) zeigt unter zwei Bogen, worauf ein Thurmgebäude, die einander gegenübergestellten Brustbilder des Bischofs und des Heiligen, ersterer nach linkshin schauend, und mit den Quasten an der Mitra; jeder erhebt die dem anderen zugewendete Hand, zwischen beiden ein Kreuzstab. Umschrift:

✛ SCS STEPHANUS · MARTIS GRO · EPS · · VS

Die Rückseite hat in durch Punkte verziertem Vierpass ein Kreuz wie das vorige Stück, aber von Punkten in den Ecken begleitet.

Ein überaus zierlicher stummer Bracteat wird dem Bischof Gero mit Grund der grössten Wahrscheinlichkeit zugeschrieben³), weil die Eigenthümlichkeit der Zeichnung der Bischofsmütze mit den Quasten, die auf keinem andern halberstädter Gepräge dieser Zeit vorkommt, es nicht gestattet, ihn einem andern Bischof zuzuweisen. Ueber einem hohen Bogen erhebt

---

1) Stenzel, a. a. O. S. 17, u. Tafel II, 22.
2) Stenzel, a. a. O. S. 17, u. Tafel II, 23. Ebenda noch vier andere Halbbracteaten Gero's von undeutlicherer Prägung.
3) Stenzel, a a. O. S. 18, u. Tafel II, 28.

sich ein Thurmgebäude, das auf jeder Seite zwei mehrstöckige Thürme zeigt, in deren Mitte sich ein fünfter erhebt, der eigentlich aus drei auf gemeinsamem Unterbau stehenden Thürmchen besteht. Unter dem Bogen der Bischof in der bequasteten Mitra, in der rechten Hand den Stab, in der linken ein Kreuz haltend.

Im Sommer 1163 in seinem Stift angelangt, hat Gero als eine seiner ersten amtlichen Handlungen, die Herbstdiöcesansynode am S. Lucastage, dem 18. Oct., abgehalten. Von den drei Synoden, die jeder Bischof alljährlich in seinem Sprengel abzuhalten hatte[1]), lassen sich für den halberstädter die erste und die letzte fest bestimmen, sie fielen auf den Gründonnerstag und den 18. October, den Lucastag[2]), die mittlere dagegen scheint kein bestimmtes Datum gehabt zu haben, sondern wurde während eines der drei Sommermonate Mai, Juni, Juli abgehalten; warum die Herbstsynode auf den Lucastag fixirt war, ist nicht bekannt. Auch durch den Ort unterschied sich die Sommersynode von den beiden andern, sie fand meist in Gattersleben[3]) statt, doch kommt unter Dietrich auch Oschersleben[4]) vor, während für jene beiden Halberstadt selbst bestimmt war. Urkundliche Zeugnisse über die Sommersynoden unter Gero's Episcopat haben sich nicht erhalten, in Gattersleben würden sie jedoch nicht haben stattfinden können.[5]) Da wohl anzunehmen ist, dass unter gewöhnlichen Verhältnissen der Bischof das Osterfest in seiner Kathedrale feiern werde, so ergab sich für eine um diese Zeit abzuhaltende Synode die Stadt, wo jene gelegen, schon von selbst als Zusammenkunfts-

---

1) Sachsenspiegel I, 2.
2) S. unten die Urkunde „in sinodo magna" aus dem St.-A. zu Magdeb., s. R.: Abbenrode 1, eine andere bei Schöttgen u Kreisig Dipl. et Scr. II, S. 703 und noch mehrere. Vgl. die Regesten
3) S. unten die Urkunde vom 10. Juni 1189 zu Gattersleben „in plena sinodo". Lentz a. a O. S. 314.
4) Orig. v. 27. Mai 1184 „in generali sinodo" im St.-A. zu Magdeburg, s. R.: Stift Halb. XII, 1; auch eine Abschrift daselbst Cop. LXa, fol. 1.
5) S. oben S. 8 u. Chron. Halb. v. Schatz, S. 61.

ort, wo der Bischof inmitten seiner hohen Geistlichen und der angesehensten Laien seines Sprengels die Angelegenheiten desselben ordnete, Streitigkeiten beilegte, Missbräuchen abzuhelfen suchte, Schenkungen und Stiftungen bestätigte.

Während der letzten zehn Jahre waren die inneren Verhältnisse des Sprengels von Halberstadt nicht mehr auf einer Synode verhandelt worden, die letzte des Bischofs Ulrich, von der Kunde vorhanden ist, hatte am 2. December 1153 stattgefunden, und der Bischof spricht auf derselben schon von der schlimmen Zeit der Erniedrigung. Seitdem ist nun diese Diöcesansynode Gero's die erste, und es ist anzunehmen, dass bei den unruhigen Zeiten, welche mit dem ganzen Norden auch diese Gegend gesehen und zu erfahren gehabt hatte Stoff genug sich angesammelt haben mochte, um den neuen Kirchenfürsten zu reger Thätigkeit aufzufordern.

Dass Gero eine solche auf dieser Synode entfaltet habe, daran haben wir keinen Grund zu zweifeln, leider aber ist uns nur in einer einzigen Urkunde ein Beweis davon aufbewahrt worden. Durch dieselbe bestätigt der Bischof alle um die Stadt Quedlinburg belegenen dem S. Wipertikloster daselbst gehörigen Zehnten[1]), und wenn keine der sonst in den Synodalurkunden üblichen Formeln, wie „in plena synodo, in magna synodo, in pleno concilio" oder dergl. sie als solche kennzeichnet, so thut dies ausser dem Datum, welches als Synodentag feststeht, doch die feierliche Reihe der Zeugen: ausser dem Bischof selbst eine grosse Anzahl der Würdenträger des Domstiftes sowohl wie andrer Stifter der Stadt und Umgegend.[2])

---

1) Orig. im St.-A. zu Magdeburg, s. R.: Quedlinburg, S. Wipertikl. 1 a. — Dieses Prämonstratenser-Mannskloster war dem Stift Quedlinburg incorporirt.
2) St.-A. zu Magdeburg, Cop. CIV, Nr. 103. „Huius rei testes sunt Erpo decanus, maioris ecclesie, Frithericus custos, Marcwardus magister Reinhardus sancti Bonifacii prepositus, Henricus diaconus, Hermannus subdiaconus, Everwinus Hathemerslowensis prepositus, Arneboldus Stuterlingeburgensis prepositus, Bodo Scheningensis prepositus et quam plures alii." Für weitere Beispiele s. die Regesten.

Ueber eine zweite Synode Gero's lassen sich nur Muthmaassungen aufstellen aus dem Vorhandensein einer Urkunde, deren Jahreszahl zwar fehlt, die aber am 29. April zu Halberstadt ausgestellt wurde, und die Namen so vieler Domherren und Grafen als Zeugen nennt, dass aus der Anwesenheit namentlich der letzteren wohl mit einiger Sicherheit auf eine synodale Zusammenkunft geschlossen werden kann. Der Bischof macht eine Anleihe von 200 Mark Silber bei dem Kloster Huyseburg, wofür er dem letzteren 20 Hufen in Eilenstedt, welche 8 Talente einbringen, verpfändet. Die geliehene Summe ward zur Abzahlung einer Schuld des Bisthums an den Kaiser verwendet.[1])

Ich möchte diese Urkunde dem Jahre 1166 zutheilen, denn der Gründonnerstag traf während Gero's ganzer Regierungszeit zwar niemals auf den 29. April, wohl aber zweimal, in den Jahren 1166 und 1177, auf den 28. Da sich nun der 29., der Charfreitag, seines hohen Festcharakters wegen zur Abhaltung der Synode vielleicht nicht eignete, so ward sie am vorhergehenden Tage abgehalten, oder wir haben es, und das dürfte die einfachste Erklärung sein, mit einem Versehen des Schreibers zu thun. Das Jahr 1177 scheint mir aber deshalb nicht annehmbar, weil der Friedensvertrag zu Anagni vom October 1176 zwischen dem Kaiser und dem Papst Alexander in seinem 13. Artikel die Restituirung Ulrich's als Bischof von Halberstadt schon ausgesprochen hatte, wenngleich die Vollziehung des Vertrags und damit die förmliche Absetzung Gero's erst durch den Friedensschluss zu Venedig am 25. Juli 1177 erfolgte.[2]) In einer Zeit, wo sein Anrecht auf den bischöflichen Stuhl schon so gefährdet war, dürfte er aber kaum noch eine Diöcesansynode haben halten können.

Die letzte Synode Gero's, von der wir Kenntniss haben, war die Herbstsynode (18. October) 1170, von der aber auch

---

1) Förstemann, Neue Mittheilungen IV, 1. S. 13
2) Mon. Leges II, S. 147 u. Annal. Pegav. in Mon. SS. XVI, S. 261; Jaffé, Reg. Pontif. S. 773.

nicht mehr als wieder nur eine einzige Urkunde auf uns gekommen ist, in welcher der Bischof dem Kloster Marienthal die diesem von dem halberstädter Ministerialen Notung von Gattersleben gemachte Schenkung der Dörfer Eschenrode, Bischofsrode und Lodike bestätigt.¹)

Was sonst noch von Gero's Thätigkeit als Bischof in seinem Sprengel aufbewahrt ist, beschränkt sich, wenn wir die Aufhebung der Leiche seines Vorgängers Burchard ausnehmen, an dessen Grabe Wunder geschahen²), auf ähnliche Handlungen, wie die bei den Diöcesansynoden schon erwähnten. Zwei Verhandlungen betreffen den Propst zu Stötterlingenburg und sein Archidiaconat: denn am 2. April 1163 setzte Gero fest, dass die Seelsorge an der zum Unterhalt eines Priesters nicht genügend dotirten S. Veitkapelle zu Walingerode der Burchardikirche daselbst übertragen, die Kapelle mithin incorporirt werden solle.³) Es geschah dies mit Zustimmung und auf die Bitte des Propstes Ernebold selbst, in dessen Archidiaconat der betr. Ort gelegen war, und zwar war Gero, wie oben gezeigt ist, damals noch nicht in sein Bisthum eingezogen, sondern weilte noch im Süden, da er noch drei Monate später als Zeuge in einer Urkunde des Kaisers auftrat.

Die zweite Urkunde datirt von Ditfurt, 1176, und bestätigt einen Güterkauf des Propstes Otto.⁴)

Aus den letzten Jahren Gero's stammen die Bestätigungen einiger dem Kloster Hamersleben gemachten Schenkungen: so hatte der Ministeriale des Doms zu Halberstadt, Willer von Oschersleben, eine Hufe in Brandesleben dem Kloster als fromme Stiftung zugewendet, welche der Bischof am 24. Aug. 1173 sanctionirte⁵), und in gleicher Weise geschah dies am

---

1) Cod. Anhalt. I, 2. S. 377.
2) Chron. Halb. v. Schatz, S. 32.
3) Orig. im St.-A. zu Magdeburg, s. R.: Kloster Ilsenburg 4, das Siegel ist abgefallen.
4) Orig. ebenda s. R.: Stötterlingenburg 1, mit aufgedrücktem ganz schlecht erhaltenem bischöflichem Siegel.
5) St.-A. zu Magdeburg, Cop. CVI, fol. 6ᵛ.

2. December 1175 mit einer von einem anderen Ministerialen und dem praefectus von Halberstadt, Caesarius, gemachten Landschenkung im Dorfe Schöningen.[1])

Ein früher schon angefangener, und namentlich zu Anfang und in der Mitte des folgenden Jahrhunderts leidenschaftlich weiter geführter Streit zwischen den Bischöfen von Halberstadt und dem weiblichen Stifte Quedlinburg um die dem letzteren zustehenden Prärogative ruhte auch unter Gero's Episcopat nicht. Jenes von Heinrich I. im Jahre 935 gegründete, der Ordensregel S. Benedict folgende und unter dem Patronat des heil. Servatius stehende reiche Collegiatstift war von jeher von den deutschen Königen bevorzugt und sehr reich begabt worden, ja auch von mehreren Päpsten besass es umfassende Privilegien und Bestätigungen seiner Rechte. Von den ersteren war es mit den Regalien belehnt worden[2]), die Schirmvogtei über das Stift scheint anfänglich auch von ihnen selbst ausgeübt worden zu sein, seit Anfang des 11. Jahrhunderts sind jedoch die Pfalzgrafen von Sachsen zugleich Obervögte von Quedlinburg. Als Untervögte werden die Grafen von Blankenburg genannt, die diese Würde am 11. März 1273 an die Grafen von Reinstein verkauften[3]) Die Päpste dagegen hatten dasselbe von jeder bischöflichen Diöcesangewalt befreit, ihm selbst förmliche Episcopalrechte verliehen[4]), und es dem päpstlichen Stuhl zu Rom unmittelbar untergestellt.[5]) Dieses letztere Recht machten ihm die in so unmittelbarer Nähe herrschenden Bischöfe von Halberstadt auf das hartnäckigste streitig, und es konnte bei den mehrfachen Berührungspunkten zwischen beiden gar nicht fehlen, dass sich Anlässe zu Reibungen in Menge darboten.

---

1) St.-A. zu Magdeburg, Cap. CVI, f. 16.
2) Zum letzten Male geschah dies am 18. Februar 1793; v. Mülverstedt in der Zeitschrift des Harzvereins II.
3) Erath, Cod. dipl. Quedlinburg. S. 251.
4) So z. B. Papst Alexander IV. 31. Juli 1254.
5) St. A. zu Magdeburg, Cop. CI, f. 186 u. 328.

So hatte unter Gero's Episcopat, um von den früheren Streitigkeiten zu schweigen, die damalige Aebtissin Adelheid, eine Schwester des Pfalzgrafen von Sommerschenburg, die Einweihung einer Kirche in Quedlinburg selbst dem Bischofe einer anderen, in den Verhandlungen nicht genannten Diöcese übertragen, was Gero als einen Eingriff in seine Diöcesangewalt ansah und dagegen einschritt. Der Streit wurde dem Papste vorgelegt und dieser entschied im Jahre 1174 — in dieses setzt wenigstens Erath[1]) die Verhandlung, so dass es der kaiserliche Gegenpapst Calixt III., 1168 — 29. August 1178[2]), gewesen sein mag — durch seinen Legaten und Canzler, den Bischof Martin von Tusculum, zu Gunsten der Aebtissin, indem er auf Grund der geforderten päpstlichen Privilegien ausdrücklich die Befreiung des Stiftes von jeder, auch der halberstädter, bischöflichen Jurisdiction bestätigte und vor einer Geltendmachung dieses angemaassten Rechtes seitens des Bischofs ernstlich warnte.

Eine ähnliche Streitigkeit um Vorrechte scheint es gewesen zu sein, welche[3]) zehn Jahre vorher, zu Anfang des Jahres 1164, der Bruder der Aebtissin, der Pfalzgraf Albrecht, zwischen den beiden Klöstern zu Huyseburg und Marienthal von Gero zu schlichten ersucht wurde, doch hatte die Einigung schon hergestellt werden können, ehe der Vermittler eintraf. Weiteres ist darüber nicht bekannt.

Bei den grossen Bewegungen, die sich während Gero's Regierung in seiner unmittelbaren Nähe auf dem politischen Gebiete vorbereiteten und endlich zum Ausbruch gelangten, liegt es nahe, danach zu fragen, welche Stellung er derselben gegenüber genommen, oder welchen Antheil er daran gehabt habe. Die fast unumschränkte Macht, welche der Herzog Heinrich der Löwe, von Hause aus schon Herr über zwei grosse deutsche Herzogthümer und grosse Gebietsstrecken

---

1) Cod. diplom. Quedlinburg, S. 96.
2) An diesem Tage resignirte er an Alexander III.
3) Meibom, Chron. Marienthal. S. 257.

Norditaliens, nun auch noch durch seine Siege über die slawischen Völker sich im Norden von Deutschland erworben hatte, erfüllte die ürigen sächsischen Fürsten und Herren, geistliche wie weltliche, mit banger Furcht. Heinrich's Handlungsweise war auch ganz dazu angethan, diese Furcht zu vermehren, denn er hatte seit dem Beginn seiner Herrschaft bald mit diesem bald mit jenem seiner Nachbarn in Streitigkeiten gelebt, die fast immer eine Ausdehnung seiner Macht auf Kosten jener zum Gegenstand gehabt hatten. So war es auch mit Gero's Vorgänger, dem Bischof Ulrich, gewesen und Heinrich hatte die Absetzung dieses seines Gegners wegen dessen Anhänglichkeit an den gegenkaiserlichen Papst mit Freuden begrüsst, ja er war selbst der Vollstrecker des kaiserlichen Urtheilsspruches geworden, wie ich schon oben erwähnt habe. Auch darf man wohl annehmen, dass er unmittelbaren Gewinn aus der Niederlage des Bischofs für sich selbst gezogen haben mag und dass manche der Lehen, die der Kaiser jenem genommen, ihm gegeben worden sind.[1]) Ja die halberstädter Chronik giebt den sicheren Beweis dafür an, wenn sie sagt, dass Ulrich nach seiner Wiedereinsetzung die Schlösser Alvensleben und Gattersleben wieder zurückerwarb, und die geschmälerten Einkünfte des Bisthums nach Möglichkeit zu heben sich bestrebte.[2])

Im Jahre 1166 war die Gährung so weit gestiegen, dass es nur einer Gelegenheit bedurfte, um loszubrechen. Beide Parteien hatten ihre Vorbereitungen getroffen: Heinrich hatte durch eine ihm sonst nicht eben eigene Milde, die er hier zur rechten Zeit gegen den Slawenfürsten Pribislav dadurch übte, dass er ihm sein Fürstenthum wiedergab, und durch die Einsetzung eines tüchtigen Statthalters, des Grafen Heinrich, in Holstein[3]), sich den Rücken gedeckt, auch in seinem Erblande

---

1) Prutz, H. d. L., S. 115. Philippson, H. d. L. II, S. 217.
2) Chron. Halb. v. Schatz, S. 61.   3) Helmold II, 7.

feste Plätze angelegt und mit Mannschaft besetzt, während seine Gegner sich unter Albrecht dem Bären und dem mächtigen Erzbischofe Wichmann von Magdeburg in grosser Menge an seinen Grenzen sammelten.

Gero verweilte, wie ich oben gesagt habe, in diesem Jahre in seinem Bisthum, und hatte auch zu Ostern eine Diöcesansynode in Halberstadt selbst abgehalten. Dennoch aber geschieht seiner in diesem Kampfe Heinrich's und der sächsischen Fürsten in keiner Weise Erwähnung. Dass er nicht gegen ersteren war, geht aus dem Lehnsverhältniss hervor, das zwischen beiden bestand, sowie aus der Stellung, die Gero zum Kaiser einnahm, dessen getreuer Anhänger er war, und dessen Verhältniss zum Herzog ja noch nicht die dem letzteren später verhängnissvolle Trübung erlitten hatte. — Aber auch den Fürsten gegenüber kann er nicht feindlich aufgetreten sein, sonst würden dieselben, deren Besitzungen sein Bisthum von allen Seiten begrenzten, sicher Einfälle in dasselbe gemacht haben. Darüber ist jedoch nichts berichtet. Er wird also Mittel gefunden haben, innerhalb des allgemeinen Waffengetöses in seiner nächsten Nachbarschaft sich und seinem Bisthum den Frieden zu erhalten, wenn es mir bei dem mangelhaften Material auch nicht möglich ist nachzuweisen, wie er dies bewerkstelligt hat. Auch war Gero, worauf ich schon aufmerksam gemacht habe, seiner ganzer Charaktereigenthümlichkeit nach nicht ein Mann der wilden Leidenschaft, wie Ulrich sein Vorgänger, sondern Alles deutet darauf hin, dass friedliche Neigungen ihn beseelten. Ebenso ist aus Mangel weiterer Nachrichten auch darüber nicht zu entscheiden, wie er sich in dem zwischen Heinrich dem Löwen und dem Pfalzgrafen Adalbert von Sachsen i. J. 1165 ausgebrochenen Streite verhielt, der seinen Abschluss darin fand, dass Adalbert durch Abtretung des Schlosses Löwenberg, an dem die Vogtei über das quedlinburger Stift haftete, und eines nicht näher bezeichneten Lehens des halberstädter Stiftes an den Herzog sich den Frieden erkaufen musste.¹) Auf das Verhältniss zwischen Gero und Heinrich nicht nur, sondern noch auf manche andere Angelegenheiten der halberstädter Diöcese dürfte ein deutlicheres Licht fallen, wenn die Urkunden mancher im braunschweigischen Gebiete belegenen Klöster, soweit sie noch vorhanden, bekannt wären, da die letzteren ja ohne Zweifel in Verkehr mit den Bischöfen von Halberstadt werden gestanden haben.²)

Von der Thätigkeit Gero's ausserhalb der Grenzen seiner Diöcese lässt sich sehr wenig sagen, eine Säule des Reichs war er nicht, ja es sind nur ganz vereinzelte Beweise dafür vorhanden, dass er sich überhaupt an fremden Angelegenheiten betheiligt habe. Die grossen Fragen der Zeit lösen zu helfen, war nicht seine Sache, kaum dass er über die Grenzen seiner Diöcese hinaus wirksam war. So finde ich seinen Namen unter den Zeugen einer Tauschurkunde zwischen dem Hochstift Naumburg und dem Kloster Oberzell vom Jahre 1164, welche Bischof Heinrich von Würzburg bestätigt.³) Er wird also an dem auf Pfingsten (23. Mai) dieses Jahres dorthin vom Kaiser zusammenberufenen Reichstage Theil genommen haben, auf welchem namentlich durch das Drängen des ehrgeizigen Erzcanzlers Rainald von Cöln das Schisma unheilbar erweitert wurde, indem dieser es gegen Friedrich's innere Ueberzeugung⁴) durchsetzte, dass an Stelle des nach kurzer Krankheit am 20. April 1164 verstorbenen, ziemlich unfähigen Victor schon nach zwei Tagen ein neuer Gegenpapst, Paschalis III. (vorher Guido von Crema genannt), gewählt und unter nicht ganz regelrechten Formen am 26. d. M. gekrönt wurde. Damit

---

1) Mon. SS. XVI, Ann. Palid. S. 93; u. Ann. Stederburg a. a. O. S. 208. Philippson, H. d. L. II, S. 90.
2) Mein auf Benutzung des wolfenbüttler Archivs zielendes Gesuch ist mir von dem braunschw. Ministerium leider nicht gewährt worden.
3) Cod. Anh I, 2, S. 355 aus dem Domstiftsarchive in Naumburg, Lepsius Gesch. d. Bischöfe von Naumburg I, S. 255. Wegen indictione XII vor dem September ausgestellt.
4) Bouquet Recueil XVI, S 549.

war der Weg zur Versöhnung völlig abgeschnitten.¹) Viel Anerkennung fand Paschalis in Deutschland eben nicht, die Erzbischöfe Conrad von Mainz und Eberhard von Salzburg (und nach dessen am 21. Juni dieses Jahres erfolgten Tode sein gleichgesinnter Nachfolger Conrad, vorher Bischof von Passau) blieben fest auf Seiten Alexander's.²)

An dem zweiten Reichstage zu Würzburg, am 29. Juni 1168, auf welchem die Klagen, welche Herzog Heinrich der Löwe und die gegen ihn verbündeten Fürsten wider einander führten, vom Kaiser untersucht und friedlich beigelegt werden sollten, nahm auch Gero wieder Theil.³) Um den langen Hader zu schlichten, war Friedrich nach dem Unheil, das ihn im vergangenen Jahre in Italien betroffen, im Frühjahr in Deutschland eingetroffen und hatte einen ersten Reichstag auf den 5. Mai ausgeschrieben.⁴) Doch weder diesen noch einen anderen in Frankfurt (19. Mai) besuchten die Fürsten, erst zu Würzburg am 29. Juni und gleich darauf zu Frankfurt (1. Juli) konnte der Kaiser das Urtheil sprechen. Es lautete zu Gunsten des Herzogs. Von wie wenig Erfolg aber die Thätigkeit Friedrich's, in dem Streite Heinrich's und der sächsischen Fürstenden Frieden zu erhalten war, zeigte sich sehr bald, denn in den ersten Tagen des Februars 1169 musste er während seines Aufenthaltes auf Wallhausen den Herzog von Neuem gegen seine Feinde schützen, indem er einige der Friedensbrecher bei sich behielt. Auch hier war Gero in der Umgebung des Kaisers, wie eine in diesen Tagen von hier aus durch den Kaiser ausgestellte Urkunde beweist, die er mit bezeugt.⁵)

---

1) Philippson, H. d. L. II, S. 72 ff. u. 418.
2) Philippson, a. a. O. II, S. 76 f. u. 417, Anm. a; Mon. Leg. II, S. 134; Mansi, Collectio Concil. XXI, S. 1215; Bouquet, Recueil, XVI, S. 248.
3) Cod. Anhalt. I, 2. S. 370, auch Lacomblet, Urkundenbuch des Niederrheins I, 297, Stumpf RCzlr. Nr. 4094.
4) Mon. SS. XVI, S. 94: Annal. Palid.
5) Wallhausen, 5. Febr. 1169; Cod. Anh. I, 2. S. 372, Böhmer, Acta imp. select., 121; Stumpf, RCzlr. Nr. 4041.

Ohne auf die grossen politischen Ereignisse weiter einzugehen, welche das bisher freundliche Verhältniss zwischen dem Kaiser und seinem mächtigsten Vasallen unter den deutschen Fürsten lösten, und welche des ersteren Lage den italischen Städten gegenüber völlig änderten, ist nur nöthig zu sagen, dass Friedrich nach der unglücklichen Schlacht bei Legnano[1]) sich genöthigt sah, seinen Frieden mit dem Papst Alexander III. zu machen. Erzbischof Wichmann von Magdeburg hatte sammt dem Erzcanzler Christian von Mainz nicht den wenigsten Antheil daran, dass schon im October zu Anagni, wo der Papst sich aufhielt, Berathungen stattfanden, die zu einem in 28 Artikeln abgefassten Vertrage führten, dessen schliessliche Bestätigung am 25. Juli 1177 im Frieden zu Venedig geschah.[2])

Obgleich der Tag der Versöhnung von den beiden Gegnern selbst und von allem Volke feierlich und mit Freuden begangen wurde, so konnte das doch nicht hindern, dass gegen Alle, welche auf Seiten des Schisma bisher gestanden hatten, der Bannfluch ausgesprochen wurde. Derselbe traf zunächst den Gegenpapst Calixtus und alle seine Anhänger, von denen der Kaiser und die deutschen Fürsten sich lossagten.[3]) Nur den Erzbischof Christian von Mainz liess der Papst sich auf Bitten des Kaisers bewegen zu bestätigen[4]), im Uebrigen wurden auch alle, die von Schismatikern sich hatten weihen lassen, von dem päpstlichen Spruch betroffen. Auch Gero[5]), dessen

---

1) 29. Mai 1176.
2) Ueber das Verhältniss des Vertrages zu Anagni zum Frieden von Venedig s. Hefele, Conciliengesch. V, S 620 f., und Reuter, Alexander III., III. S. 729. — Chron. Mont. Ser. nennt als Tag des feierlichen Empfanges des Kaisers durch den Papst vor der S. Marcuskirche den 24. Juli, am folgenden Tage unterzog man sich also den Geschäften.
3) Benedictus Petroburg. zum Jahre 1177: „in hoc concilio Johannes abbas de Strumia, qui et vocatus fuerat Calixtus, degradatus et ab ipso imperatore abrenunciatus est.
4) Annal. Bosov. bei Eccard Corp. hist. I, 1017.
5) Mon. Leges II, S 147: Artikel 13: Gero nunc dictus Alberstatensis deponetur et Ulricus restituatur. Artikel 14: Alienationes a Gerone factae et beneficia data similiter — — delebuntur et — — restituentur.

Entfernung vom Amte sogar schon einen Theil der Paragraphen des vorläufigen Vertrages zu Anagni ausgemacht hatte, wurde abgesetzt. Der Grund, dass gerade gegen ihn mit dieser Strenge verfahren wurde, kann ich nur in den Veräusserungen und Verlehnungen finden, deren der 14. Artikel gedenkt, und durch die vielleicht Gero es möglich gemacht hatte, sich und seinem Stifte, allerdings zum pecuniären Schaden des letzteren, den Frieden bisher zu erhalten. Andererseits wurde es nun auch dem Kaiser, da er einmal genöthigt war, Opfer zu bringen, leichter, einen Mann fallen zu lassen, der ihm zwar äusserlich angehangen hatte, ohne jedoch an dem grossen Kampfe, der das Reich bewegte, irgend welchen Antheil zu nehmen, da er politisch völlig indifferent war, und der nun auch noch mit dem Makel behaftet sich zeigte, das ihm anvertraute Kirchenvermögen verringert zu haben. Er wurde also, da er sich weniger als thatkräftiger Charakter, als vielmehr als willenloses Werkzeug erwies, bei Seite geschoben, sowie die eingetretene Wendung in der Lage des Kaisers dies erforderte.

Ueber Ulrich's Aufenthaltsort in der Verbannung ist noch nachzutragen, dass derselbe wenigstens für die erste Zeit derselben sich nach Salzburg zu dem gleichgesinnten Erzbischof Eberhard, dem Haupte der alexandrinischen Partei begab, wie dies aus einem Briefe hervorgeht, den Bischof Ulrich von Trevizi im November 1163 „reverendis patribus ac dominis E. Dei gratia s. Iuaviensis eccle. dignissimo archiepiscopo, O. Halberstatensi atque R. Gurcensi, venerabilibus episcopis" schrieb.[1]

Während Ulrich sofort nach seiner Wiedereinsetzung sich beeiferte, nicht nur die erwähnten Verlehnungen und anderen Alienationen seines Vorgängers zu widerrufen, sondern auch die von jenem vollzogenen bischöflichen Weihehandlungen für ungültig zu erklären — in welch' letzterem Vorgehen er jedoch durch eine den Betreffenden vom Papst nachträglich noch ertheilte Dispensation behindert wurde — heisst es von Gero[2]:

1) Sudendorf, Reg. II, S 142; Philippson, H. d. L. I, S. 324.
2) Chron. Halb. v. Schatz, S. 59.

„videns episcopum esse receptum unanimiter, sponte cessit" — ein neuer Beweis für seine Friedensliebe, die ihn jeden Streit vermeiden liess, der auch ein ganz hoffnungsloser gewesen sein würde. Bei keinem Chronisten[1]), noch in irgend einer Urkunde Ulrich's oder seiner Nachfolger werden Gero's fernere Schicksale erwähnt. Wenn Ulrich der Thaten seiner Vorgänger gedenkt und dieselben mit Namen nennt, so unterlässt er es geflissentlich, nach Reinhard, Otto und Rudolph auch Gero zu nennen, und auch in Dietrich's Urkunden wird sein Name nur einmal erwähnt. Mag er nun auch seine frühere Stelle im Domcapitel wieder eingenommen haben, die Urkunden erwähnen seiner gar nicht, und es herrscht demnach über sein ferneres Leben, über die Stellung, die er einnahm, über seine Thätigkeit sowie auch über seinen Tod völliges Dunkel. Halberstädter Stiftsgeistliche Namens Gero kommen später noch öfter vor, so in einer Urkunde Bischof Dietrich's vom 22. Februar 1184[2]) an vierter Stelle unter den Zeugen zwischen einem Vicedominus Anselm und einem Propst Werner (vom S. Bonifaciusstifte?) ein Gero ohne weitere Bezeichnung; und an einer anderen desselben Bischofs, datirt Halberstadt, 19. Juli 1185 in sinodo publica[3]), ein Geroldus subdiaconus in achter Stelle in der Zeugenreihe; endlich derselbe Geroldus diaconus in Dietrich's Urkunde ante coenam domini in plena synodo Halverstadt[4]) an vierter Stelle; sowie anscheinend derselbe in Dietrich's Urkunde, datirt Gattersleben den 10. Juni 1189 in plena sinodo.[5]) Ein Geroldus canonicus maioris ecclesiae steht als letzter der geistlichen Zeugen in Bischof Dietrich's Urkunde von 1189[6]) und dieser ist für längere Zeit der

---

1) mit Ausnahme Arnold's, wo II, 3 „fugato Gerone" steht.
2) Orig. im St.-A. zu Magdeburg, s. R.: Stift B Mariae zu Halberstadt 6 u. 7.
3) Orig. im St-A zu Magdeburg, s. R.: Stift Halberst. XIII, 7; ebenda zwei Abschriften Cop. Cl, f. 24 u. 217.
4) Leukfeld, Antiq. Num. Halb. S. 94.
5) Lentz, Stiftshist. v. Halb., S. 314, Nr II.
6) Orig. im St.-A. zu Magdeburg, s. R.: Stift B. Mariae zu Halberst. 12.

letzte dieses Namens, der in halberstädter Urkunden auftritt. Erst in einigen Urkunden des Bischofs Gardolf findet sich[1]) unter den Domgeistlichen ein Geroldus cellerarius; so lange aber genauere Nachricht nicht vorliegt, darf man nicht anders als nur vermuthungsweise unter den genannten Personen den ehemaligen Bischof von Halberstadt suchen, ja aus dem Mangel jeder in solchem Falle sonst wohl üblichen Bezeichnung ist, von anderen Gründen abgesehen, vielmehr der Schluss berechtigt, dass wir es hier mit ganz anderen Personen zu thun haben.

---

1) So vom Jahre 1196 in Mon. SS. Ann. Stederburg. XVI, S. 227, Anm. 75; vom 3. Mai 1197 im St.-A. zu Magdeburg, Cop. CVI, f. 17 (sehr fehlerhaft abgedruckt in Leukfeld Ant. Num. Halb. S. 104); aus demselben Jahre ohne näher bezeichnetes Tagesdatum in Leukfeld Ant. Blankenburg. S. 43; von 1198 ohne Tagesdatum im Copialbuch des S. Bonifaciusstifts auf der Gymnasialbibl. zu Halberstadt s. R.: M 61, Privilegia etc. und endlich vom Jahre 1200 in Orig. Guelf. III. prob. 336, S. 837.

Beilagen.

I.

Ueber

die Diplomatik der Bischöfe von Halberstadt

in der letzten Hälfte des 12. Jahrhunderts.

Das nicht übermässig reiche Material, welches die aus der zweiten Hälfte des 12. Jahrhunderts uns erhaltenen halberstädter Urkunden hierzu bieten, gestattet zwar nicht, eine irgendwie vollständige Diplomatik dieser Zeit zu entwerfen, doch geben sie Stoff genug her, um auf den Unterschied in den Formeln hinzuweisen, die namentlich während der Regierungen Ulrich's, Gero's und Dietrich's in der bischöflichen Canzlei zur Anwendung kamen. Die für die folgende Untersuchung benutzten Urkunden habe ich mit wenig Ausnahmen dem kgl. Staatsarchive zu Magdeburg entnommen, und zwar sind von den 21 Urkunden Ulrich's 5 Originale, 6 sind in älteren Copialbüchern enthalten, und 10 aus den Werken von Prutz, v. Heinemann, Winter und aus den Origines Guelficae genommen.

Von den 7 Urkunden Gero's sind 3 Originale, 3 stammen ebenfalls aus älteren Copiarien, 1 aus v. Heinemann. Die 25 Urkunden Dietrich's vertheilen sich auf 13 Originale, von denen 1 ausserdem noch in duplo vorhanden ist, 4 sind älteren Copialbüchern entnommen, 1 ist eine neuere Copie, und 6 aus Lentz, Winter, Schöttgen und Kreissig.

Das Verfahren bei Verhandlungen, um dies vorauszuschikken, war sehr einfach: man begab sich wo möglich persönlich an den zeitweiligen Hof des Fürsten, trug seine Angelegenheit vor und empfing den Bescheid, der dann allerdings noch der schriftlichen Ausfertigung bedurfte. Aus der halberstädter Canzlei vermag ich ein Beispiel einer solchen mündlichen Verhandlung nicht beizubringen, wohl aber ein anderes, in welchem einer der drei halberstädter Bischöfe aus der letzten Zeit des 12. Jahrh. eine Rolle spielt:[1] Adelheid, Aebtissin von Quedlinburg war gegen Gero Bischof von Halberstadt beim Papste klagbar geworden und dieser hatte seinen Legaten und Canzler, Martin, Bischof von Tusculum, mit der Regelung der Angelegenheit beauftragt. Das Streitobject waren gewisse vom Bischofe angefochtene Rechte des Stifts. Der Legat liess sich die Privilegien des letzteren vorlegen, es wurden ihm drei verschiedene gebracht von den Päpsten Johann, Silvester und Innocenz, die er als authentisch anerkannte und aus deren ihm vorgetragenen oder von ihm selbst gelesenen Inhalte er ohne weitere Verhandlung zu Gunsten der Aebtissin entschied. Die uns aufbehaltene Urkunde ist also das gerichtliche Protokoll, welches zugleich als neues Bestätigungszeugniss der Privilegien diente, und den Bischof im Uebertretungsfalle mit Strafe bedrohte.

War eine Urkunde von einem der in der Canzlei Beschäftigten geschrieben, so unterlag sie noch einer Prüfung, bei welcher Correcturen gemacht wurden, oder durch Hinzufügung des Ortes und der Zeit die Vollziehung geschah. So bei der Urkunde Ulrich's, datirt Halberstadt den 28. Juni 1152[2]), wo von anderer Hand und anderer Tinte, sowie am unteren Rande des Pergaments Zeit, Ort und votum finale hinzugefügt sind.

Ueber das Canzleipersonal hat sich mit einer einzigen Ausnahme in sämmtlichen, dem Folgenden zu Grunde liegenden Urkunden gar keine Angabe gefunden, aus der sich bezüglich

---

[1] 1174, Erath, Cod. dipl, Quedl. S. 96,
[2] Orig. i. St. A. zu Magdbg. s. R : Kloster Hillersleben 7.

der Besetzung der Stellen in der bischöflichen Canzlei Aufschlüsse ergäben. Nur das lässt sich aus der Verschiedenheit der Handschriften, in denen sie geschrieben sind, entnehmen, dass mehrere Beamte damit betraut waren; und dass dieselben dem geistlichen Stande angehörten, ergiebt sich daraus, dass Geistliche allein die nöthige Bildung, Kenntniss der Sprache, der Verhältnisse, Gewandtheit des Ausdruckes und Schreibfertigkeit in sich vereinigten, zu welchem allen sie in den mit den Stiftern und Klöstern verbundenen Schulen herangebildet wurden Hülfsmittel zur Erlernung dieser ars dictandi sind die Formelbücher, die in systematischer Anordnung Mustersammlungen aller Arten officieller Schreiben gaben, und den Schüler zur richtigen Anwendung der einzelnen Formeln und zu ihrer guten Stilisirung anleiteten. Ob in Halberstadt ein solches Formelbuch in Gebrauch gewesen, ist nicht bekannt, von der Existenz einer Schule daselbst erfahren wir aber aus einer Urkunde Gero's vom 18. October 1170[1]), denn dieselbe ist geschrieben von der Hand eines magister Johannes; der danach also zur bischöflichen Canzlei gehörte.

Die Vergleichung der oben bezeichneten halberstädter Urkunden zeigt eine ziemliche Stätigkeit in der Anwendung der Ausdrücke in den Formeln allgemeiner Natur, die Sickel nach der von ihm für die Karolingercanzlei angewendeten Terminologie dem Protokoll zurechnet (invocatio, inscriptio); bezüglich des Formulars, bei dem ich nach Anleitung Jaffé's die Sickel'schen Unterabtheilungen promulgatio, narratio und dispositio unter dem Gesammtausdruck promulgatio zusammenfasse, ergiebt sich die Gleichheit oder Verschiedenheit in Anwendung der Ausdrücke aus dem ähnlichen oder verschiedenen Inhalt der Urkunde. Da es sich jedoch meist um Güterschenkungen, Bestätigungen und dergleichen handelt, so ist auch hier die Abwechselung nicht gross. Ich gehe nun über zu der Behandlung der einzelnen Formeln, wie sie in den oben

---

[1]) Cod. Anhalt. I, 2. S. 377. Vgl. Archiv f. ält. deutsche Geschichtskunde X, S. 498; Rockinger, Quellen u. Erört. IX, S. 201 ff.

aufgezählten Urkunden der 3 halberstädter Bischöfe vorkommen, mit gänzlicher Uebergehung natürlich derjenigen Formeln, die während sie in den Kaiserurkunden eine so hervorragende, für die Aechtheit oder Unächtheit des Documentes oft allein entscheidende Rolle spielen, in diesen bischöflichen Urkunden gar nicht vorkommen, ich meine die Monogrammformel und des Monogramm selbst, sowie die Recognitionsformel und die Recognition. In den von mir zu behandelnden Urkunden sind vielmehr vertreten: die invocatio, inscriptio, der prologus oder die arenga, die promulgatio (mit narratio), die cominatio, die corroboratio, mentio et enumeratio testium, die nota temporis et loci und schliesslich das votum finale oder appreciatio.

1. Invocatio.

Ein sehr erklärliches Bestreben der Menschen hat zu allen Zeiten dieselben veranlasst, ihren Willenserklärungen eine Anrufung Gottes in irgend welcher Form voranzustellen, um dadurch denselben den Charakter grösserer Feierlichkeit zu geben und vor Nichtachtung der im Namen Gottes und in seiner Gegenwart gefassten Beschlüsse zu warnen. Diese Anrufung findet sich in den meisten Urkunden des Mittelalters, und zwar tritt dieselbe in zweifacher Form auf, die bald allein, bald zusammen den Anfang der Urkunden bilden. Auch in den bischöflich halberstädtischen der vorliegenden Periode treten sie beide auf, nebeneinander zwar nur ausnahmsweise, eine der beiden Formen aber findet sich in allen vertreten.

a. Invocatio monogrammatica: Chrismon.

Das Chrismon, ein symbolisches Zeichen, dem der Name Christi zu Grunde liegt, und welches den Anfang der Kaiserurkunden zu bilden pflegt, trat ursprünglich in sehr verschiedenen Formen auf, wurde aber allmählig in seiner Bedeutung immer weniger verstanden, und daher auch, was seine äussere

Gestalt anlangt, übereinstimmender, schablonenartiger dargestellt, bis es endlich die ganz feste Form erhielt, die dem C am nächsten kommt, mit einem senkrechten Strich an den beiden Enden, und einigen kleinen Strichelchen im inneren Raume, die ursprünglich aus tironischen Noten hervorgegangen, allmählig den Schreibern ihrer Bedeutung nach entfremdet, schliesslich nur als Zierrath gebraucht wurden. Von den 21 Originalurkunden der drei Bischöfe Ulrich, Gero und Dietrich haben nur 2 ein Chrismon, die aus Copialbüchern entnommenen entbehren desselben ebenfalls, und bei den aus gedruckten Werken entlehnten Urkunden liess sich in Bezug auf dasselbe nichts feststellen, da dieselben keine Angaben enthielten, wie sie sich betreffs der Wiedergabe des Chrismon sowohl, wie anderer paläographischer Zeichen durch den Druck verhalten. Einer Urkunde Dietrich's[1]) ist ein Kreuz vorangestellt, und wenn dieses Zeichen auch kein eigentliches Chrismon nach der oben gegebenen Erklärung ist, indem man in ihm den Namen Christi nicht wiedergegeben erblickt, so. wird sein Charakter doch kein anderer sein als der, dem auf dasselbe folgenden Schriftstück eine grössere Weihe zu geben.

Die erwähnten Chrismen finden sich in zwei Urkunden Gero's vom 2. April und 18. October 1163[2]), beides Klosterurkunden, deren erste die Einverleibung einer Kapelle betrifft, während die zweite, auf einer Synode abgefasst, vom Zehnten des Klosters handelt. Die Gestalt ist beide Mal dieselbe, danach besteht das Chrismon hier aus zwei Buchstaben, erstens einem im Verhältniss zur übrigen Schrift der beiden Urkunden ziemlich grossen C mit senkrechten Verlängerungsstrichen an den beiden Enden, und mehreren kleinen Strichelchen im inneren Raume, sowie zweitens einem bis unter die Zeile herab verlängerten J, welches in seiner ganzen Länge von einer Schlangenlinie durchzogen ist. Ein solches dem Chrismon-C

---

1) St.-A zu Magdeburg s. R.: Stift Halberstadt XIII, 5a.
2) St.-A zu Magdbg s. R.: Kloster Ilsenburg 4, u. ebenda: Quedlinburg S. Wipertikloster, 1a.

nachgesetztes J kommt auch sonst noch vor, z. B. in einem Bestätigungsbriefe des Bischofs Wolfger von Passau vom Jahre 1197 und in einem Freiheitsbriefe Kaiser Friedrich's an Herzog Heinrich Jasomirgott, Regensburg den 17. Sept. 1156.[1]) Doch scheint im letzteren Falle das durchschlängelte J vielmehr schon der Anfang des „In" der Verbalinvocation zu sein, was bei den beiden J in den Urkunden Gero's entschieden nicht der Fall ist, indem in diesen nach dem J das „In" ausgeschrieben dasteht.

b. Invocatio verbalis.

Was das Chrismon monogrammatisch andeutet, das drückt die eigentliche invocatio in Worten aus, indem sie sagt, dass die nachfolgende Verhandlung als im Namen Gottes gepflogen anzusehen sei. Nachdem unter den Karolingern meist kürzere, von einander variirende Invocationsformeln gebräuchlich gewesen waren (mit Ausnahme z. B. jener sehr ausführlichen, die sich an die einzelnen Personen der Trinität wendet), macht sich von Ludwig dem Deutschen an eine andere Formel geltend, die schliesslich zu grosser Ausbreitung und fast allgemeiner Anerkennung gelangt, so dass sie mit geringer wörtlicher Varianz beinah in allen späteren Urkunden zu alleiniger Anwendung kommt. Es ist die Formel: In nomine sanctae et individuae trinitatis.

Während das Chrismon in Bischof Ulrich's Urkunden consequent fehlte, ist mit der invocatio eine jede derselben ohne Ausnahme versehen, dasselbe gilt von Gero, auch bezüglich jener zwei, die das Chrismon führen und welche also die doppelte invocatio haben. Von den Urkunden des Bischofs Dietrich sind nur drei nicht mit der invocatio versehen, davon ist jedoch die erste vom Jahre 1180[2]) eine Copie mit mehreren Auslassungen, die zweite undatirte ist, wenn auch

---

1) Die Buchschriften des Mittelalters, Wien 1852, S 44 u. Taf. 23.
2) Das Orig. im St.-A. zu Magdeburg s. R.: Stift S. Petri et Pauli zu Halberstadt 4, hat die invocatio.

im übrigen vollständig, doch nur ganz kurz abgefasst¹), und der dritten²) fehlt ausserdem auch noch die inscriptio, während sie auch in der Reihenfolge der Formeln ebenfalls manches von der gewöhnlichen Ordnung Abweichende aufweist. Im Uebrigen lautet in allen Originalen sowohl wie copirten Urkunden die Invocationsformel völlig gleich in der von der deutschen Canzlei fest angenommenen Form: In nomine sanctae et individuae trinitatis, mit Ausnahme einer uns von Ulrich aufbehaltenen undatirten Urkunde³), wo: In nomines anctę trinitatis et' individuę unitatis steht, und einer anderen desselben Bischofs vom 18. October 1151⁴), in der sie lautet: In nomine Dei omnipotentis.

2. Inscriptio.

Der vigen Forormel sich unmittelbar anschliessend folgt die zweite, den Namen und Titel des Bischofs enthaltende, welche aber ausser diesen beiden Bestandtheilen daneben noch zwei andere in sich fasst, so dass folgende Viertheilung derselben sich uns ergiebt: a. der Name des Bischofs, b. die sogenannte Devotionsformel, c. der Titel und d. eine Grussformel, die jedoch nicht, wie jene drei, einen wesentlichen Theil des Ganzen ausmacht und öfters fehlt. Eine so feste Gestalt die invocatio gewonnen hatte, so verschieden und wechselnd ist die der inscriptio in einigen ihrer Glieder, namentlich in der Devotionsformel und dem Titel. Der Gruss, ist oft ganz kurz.

In einer Originalurkunde Dietrich's, datirt Halberstadt, 6. Mai 1184⁵) fehlt die ganze inscriptio, mit dieser einen Ausnahme habe ich sie jedoch überall angetroffen.

---

1) Ebenda s. R.: Stift B V. Mariae zu Halberstadt 4.
2) Ebenda s. R : Stift Halberstadt XIII, 4. 5.
3) Ebenda s. R.: Stift B. V. Mariae zu Halberst. 1 n.
4) Cod. Anhalt. I, 2. S. 275.
5) St.-A. zu Magdeburg s. R.: Stift Halberstadt XIII, 4. 5

a. Der Name.

Derselbe fehlt in der inscriptio niemals, und variirt in seiner Schreibweise bei dem ersten und namentlich dem letzten der drei Bischöfe so wenig, dass ich mir ersparen kann, näher darauf einzugehen. Nur die eine Abweichung will ich berücksichtigen, wo nur der Anfangsbuchstabe des Namens geschrieben ist. Dies kommt bei Bischof Ulrich zweimal vor[1]), und zwar in der Weise, dass dem O ein v übergesetzt ist: Ŏ In einem Briefe von 1153 setzt Ulrich ein blosses O.[2]) Gero's Name ist immer ausgeschrieben, auch Dietrich kürzt den seinen nicht ab, wechselt aber in der Schreibweise. Sehr häufig ward in Urkunden dem Namen des Ausstellers das Pronomen ego vorgesetzt, so auch von den halberstädter Bischöfen, die sich mit wenigen Ausnehmen dieses Gebrauchs bedienen: bei Ulrich fehlt ego nur 6 mal, davon sind jedoch zwei Beispiele aus Copialbüchern genommen, zwei aus Druckwerken, bei denen sich nicht mit voller Sicherheit sagen lässt, ob sie Originale oder gleichzeitige Abschriften vor sich gehabt haben, und nur zwei finden sich in Originalen, deren eins im magdeburger Archive.[3]) Gero bedient sich in Originalurkunden des Personalpronomens nicht, in Copialbüchern habe ich es an drei Stellen gefunden.[4])

b. Die Devotionsformel.

Diese dem Namen unmittelbar folgende Formel lautet in der grossen Mehrzahl mittelalterlicher Urkunden ziemlich übereinstimmend: „divina favente clementia", ein Modus, der in der halberstädter Canzlei des 12. Jahrhunderts jedoch keineswegs der gewöhnlichste war, vielmehr verhältnissmässig selten vor-

---

1) Ebenda s. R : Stift B V. Mariae zu Halberstadt Ia, undatirt, und Cod. Anhalt. I, 2. S. 275 nach dem Original.
2) Jaffé Bibl. rer. germ. I, S. 560.
3) s. R.: Kloster Hillersleben 7.
4) 24. August 1175: St.-A. zu Magdeburg, Cop. CVI, fol. 6ᵛ; 9. Dec. 1175 ebenda fol. 16; Cod. Anh. I, 2. S. 377 nach dem Marienthaler Copiale aus dem 13. Jahrhundert zu Wolfenbüttel.

kommt. In Bischof Ulrich's Urkunden ist er nur zweimal anzutreffen[1]), einmal cooperante[2]); bei Gero wird er noch am häufigsten gebraucht: von seinen 7 Urkunden haben ihn 3[3]), bei Dietrich dagegen ist er in 24 Urkunden 8mal in Gebrauch genommen: 1184, 29. März[4]), 1884, 27. Mai[5]), 1185, 26. April[6]), 1185, 19. Juli[7]), 1186, 17. April[8]), Synodalurkunde, 1186, 17. December[9]), 1189, 10. Juni, Synodalurkunde[10]), und eine zweite vom gleichen Tage.[11])

Weit häufiger kommt die kürzere Formel: „Dei gracia" vor, Ulrich bedient sich derselben fast ausschliesslich, seine oben citirte Urkunde vom 11. Juni 1179[12]) hat ausser dem divina favente clementia der Formel im Verlauf des weiteren Textes noch einmal: divina favente misericordia. Gero's Urkunden theilen sich, soweit sie überhaupt die Devotionsformel aufweisen, zu gleichen Theilen zwischen Dei gratia und Dei favente clementia. Dietrich dagegen, der in den Formeln überhaupt sehr wechselnd verfährt, bedient sich bei 24 Urkunden ihrer nur in 11 Fällen[13]), und scheint es, als habe sich sein

1) 1152, 28. Juni, Orig. i. St.-A. z. Magdbg. s. R.: Kloster Hillersleben 7, und 1179, 11. Juni, Schöttgen u. Kreissig, Dipl. et Script. II, S. 701.
2) 1152, 8. Juni, Riedel, Cod. dipl. Brbg. I, XXII, S. 415.
3) 1162, 2. Febr., St.-A. z. Magdbg., Cop. CIII, fol. 299ᵛ, u. Cop. CVIII, fol. 4; - 1163, 2. April, ebenda s. R.: Kloster Ilsenburg 4; 1163, 18. Oct., ebenda s. R.: Quedlinburg, Kloster S. Wiperti, 1a.
4) Synodalurkunde, Schöttgen u. Kreissig Dipl. et Script. II, S. 703.
5) Synodalurkunde, St.-A. zu Magdbg., Cop. LX, a, fol. 1.
6) Orig. ebenda s. R.: Stift Halberst. XIII, C.
7) Orig. ebenda s. eod. R.: 7. — sowie 2 Copien: Cop. CI, fol. 24 u. 217.
8) Leukfeld, Antiq. Num. Halb. S. 94.
9) Orig. im St.-A. zu Magdbg. s. R.: Stift Halberst. XIII, 8.
10) Lentz, Stiftshist., S. 314, Nr. II.   11) a. a. O. S. 315, Nr. III.
12) Schöttgen u. Kreissig, Dipl. et Script. II, S. 699.
13) undatirte Originalurkunde i. St.-A. z. Magdbg. s. R.: Stift B. V. Mariae z. Halberst. 4, - 1181, Lentz, Stiftshist. S. 313, — 1181, 27. Decbr., St.-A. zu Magdbg., Cop CVI, fol. 13ᵛ, — 1184, ebenda s. R.: Stift B. V. Mariae zu Halberst. 8, mit dem Zusatz: a quo omnis potestas, und mehreren unten noch zu erwähnenden Erweiterungen, — 1184, ebenda s. R.: Stift Halberst. XIII, 5a, — 1185, 12. Sept. ebenda Cop. CIII, fol. 311ᵛ u. Cop. CVIII, fol. 16ᵛ, — 1186, 28. Nov. ebenda Cop. CVI, f. 16, — 1187, 28. Apr. ebenda s. R.: Stift B. V. Mariae z. Halberst. 10, — 1189, ohne Tagesdatum ebenda sub eod. R.: 12, — 1191, o. T., ebenda Kloster Ilsenburg 6, 1193, o. T., ebenda St. B. V. Mariae z. Halberst. 13a.

Schreiber darin gefallen, für dieselbe Formel möglichst viele und verschiedene Ausdrucksweisen anzuwenden. Auch die andern Formeln finden sich bei ihm in vielfach wechselnder Fassung ausgedrückt, und in der Reihenfolge, wie sie in den Urkunden auf einander folgen, liebt er Veränderungen und Umstellungen, sowie Verknüpfungen von zwei und mehr Formeln in derselben Periode Fünfmal lässt Dietrich die Devotionsformel ganz aus: 1180[1]), sowie in einer neueren Copie dieser Urkunde auf der Rathsbibliothek zu Halberstadt, ferner in einer undatirten Urkunde, die aber von ihm noch als electus, also vor der päpstlichen Bestätigung ausgestellt ist (worüber unten mehr), aus dem Copialbuch des S. Bonifaciusstiftes zu Halberstadt auf der Gymnäsialbibliothek daselbst[2]), 1184, 22. Febr.[3]), und 6. Mai[4]), wo ausser der ganzen inscriptio auch die invocatio fehlt.

c. Der Titel.

Bezüglich dieses dritten Theiles der inscriptio herrscht natürlich der Gebrauch des Titels episcopus vor, jedoch geschieht dies weder ausschliesslich noch auch ohne weitere Hinzufügung, im Gegentheil ist es recht häufig der Fall, dass diesem Prädicat durch vorgesetzte oder angehängte Adjectiva eine speciellere Färbung gegeben wird. Ein in Bischofsurkunden häufig an dieser Stelle sich findender Zusatz ist: „electus", und zwar war der Bischof genöthigt, mit demselben diejenigen Schriftstücke zu versehen, die er zwischen seiner Wahl durch das Capitel und der dann noch nachzusuchenden päpstlichen Bestätigung etwa auszustellen Veranlassung haben konnte. Aus der halberstädter Canzlei des vorliegenden Zeitraums bringe ich ein Beispiel bei, Dietrich betreffend, der sich in einer dem

---

1) Orig. im St.-A. z. Magdbg. s. R.: Stift S. Petri u. Pauli z. Halberst. (B) 4.
2) s. R.: M. 61, S. 18.
3) Orig. im St.-A. z. Magdbg. s R.: Stift B. V. Mariae z. Halberst. 6, dessen unter Nr. 7 beiliegende zweite Ausfertigung am Ende von der ersteren abweicht.
4) Orig. ebenda s. R.: Stift Halberst. XIII, 4.

S. Bonifaciusstift zu Halberstadt ertheilten Bestätigung „electus" nennt.¹) Es läsot sich aus dieser Bezeichnung ein Schluss auf die Ausstellungszeit dieser sonst undatirten Urkunde ziehen. Als der Tag der Wahl Dietrich's wird der 3. August 1180 angegeben²), in einer Urkunde Kaiser Friedrich's I., von dem er die Regalien vier Tage nach der Wahl im Lager von Lichtenberg empfing, datirt Erfurt, 16. November 1180³) heisst er aber schon episcopus ohne weiteren Beisatz, folglich fällt die Ausfertigungszeit jener dem Bonifaciusstifte ertheilten Bestätigung zwischen den 3. Aug und 16. Nov. des Jahres 1180.

Um eine andere chronologische Frage bei dieser Gelegenheit mit zu besprechen, knüpfe ich gleich hier an, was eigentlich wohl mehr bei der Datirungsformel angebracht wäre, was aber mit der eben erwähnten Wahl auch in Verbindung gebracht werden kann: es ist die Frage, wann Dietrich ordinirt worden ist? Wir haben darüber mehrere chronikalische sowohl wie urkundliche Notizen, die jedoch von einander differiren: die Handschriften des Chron. Halb. nennen als drittes Jahr seiner Ordination 1187, eine Angabe, die von Schatz (S. 61) in das vierte corrigirt wird, weil weiterhin das Jahr 1193 als zehntes Jahr der Ordination bezeichnet ist, welche beide sich widersprechende Daten er dadurch in Einklang zu bringen sich bestrebte. In einer Urkunde vom 12. Sept. 1185, zu Huyseburg ausgestellt⁴), fügt Dietrich in der inscriptio seinem Titel die Angabe bei: „anno ordinacionis meae secundo", was obige Correctur rechtfertigen und mit ihr das Ordinationsjahr auf 1184 fixiren würde. Dagegen sprechen nun aber zwei Originalurkunden, in deren erster⁵) Dietrich von dem Jahre M.C.LXXXVII⁰ als „ordinationis nostrae III⁰" spricht, was

---

1) Copiale des S. Bonifaciusstiftes auf der Gymnasialbibliothek zu Halberstadt, s. R.: M. 61, S. 18.
2) Potthast I, S. 328; Chron. Halberst. v. Schatz, S. 61.
3) Böhmer Reg. Nr. 2641 mit indictione XIIII, a⁰ imperii XXVII (canzleimässig richtig für 1180); Stumpf RCzlr. Nr. 4312.
4) St.-A. z. Magdbg., Cop. CIII, fol. 311ᵛ u. Cop. CVIII, fol.16ᵛ.
5) St.-A. z. Magdbg., s. R.: Stift B. V. Mariae z. Halberstadt 10.

1185 ergeben würde, und eine andere¹) aus dem Jahre M.C.LXXXXIII, dem „anno ordinationis nostrae undecimo", wonach er im Jahre 1183 ordinirt sein müsste. Wir haben also ein völlig isolirt stehendes Originaldatum: 1183, zwei auf eine Handschrift der Chronik und ein Copialbuch sich stützende Daten mit 1184, noch unterstützt durch die Conjectur des Herausgebers des Chronicon, der sich dafür auf Widersprüche im Text beruft, endlich ein Originaldatum und ein auf die Handschrift basirtes: 1185, wobei aber die letztere in Widersprüche mit sich selbst kommt, und werden uns daher wohl für das Jahr 1184 als dasjenige entscheiden müssen, in welchem Dietrich ordinirt wurde.

Die Titelformel gab durch die Hinzufügungen, die man ihr anhängte, vielfache Gelegenheit für den Aussteller, seine persönlichen Gedanken zum Ausdruck kommen zu lassen, wenn anders man nicht im vorliegenden Falle, wie in so vielen andern, die Ursache der mannigfaltigen Wendungen, die diese Formel erleidet, weniger in der Person des Ausstellers, als vielmehr einfach in dem Belieben des ausfertigenden Beamten in der Canzlei zu suchen haben wird. Gero's Urkunden sind auch hier wieder diejenigen, die an dem einmal angenommenen Gebrauch am strengsten festhalten, nur einmal²) erlaubt er sich in einer derselben eine Erweiterung durch Hinzufügung von „humilis", eine Bezeichnung, die mit der ähnlichen „indignus" sich auch bei Ulrich findet³); Dietrich dagegen gefällt sich in einer Menge der verschiedensten Wendungen, Zusätze und Erweiterungen der Titelformel, vom einfachen Adjectiv bis zur längeren Periode, nämlich: „indignus electus", 1180⁴), „indignus episcopus", 1180⁵), und 1184, 22. Februar⁶),

---

1) St.-A. zu Magdbg. s. eod. R.: 13a
2) Orig. v. 2. Apr. 1163, ebenda s. R.: Kloster Ilsenburg 4.
3) Ebenda Cop. CVIII, fol. 23, v. J. 1150, und nochmals von demselben Jahr in Prutz, H. d. L. S. 471, Nr. 2.
4) Cop. d. S. Bonif.-St. auf d. Gymn.-Bibl. z. Halberst. s. R.: M. 61, S. 18.
5) Orig. im St.-A. z. Magdbg. s. R.: Stift S. Petri u. Pauli z. Halberst, 4.
6) Orig. i. St.-A. z. Magdbg. s. R.: Stift B. V. Mariae z. Halberst. 6.

„immo minister indignus", 1187, 28. April¹), „humilis episcopus" ²), „licet indignus Dei tamen gracia, a quo omnis potestas, episcopus"³).

Ebenso wie statt des gewöhnlichen episcopus zuweilen von diesen beiden Bischöfen „minister" gebraucht wird, wenden sie auch „antistes" an, Ulrich zweimal, bei Dietrich finde ich es nur einmal; ein wesentlicher Unterschied, ob der Bischof sich den „Diener", „Vorsteher" oder „Aufseher" seiner Diöcese nennt, ist darin natürlich nicht zu suchen, es ist vielmehr völlig bedeutungslos; wenn Dietrich sich aber 1185, 19. Juli⁴) als „vocatus episcopus" bezeichnet, so meine ich darin eine Hindeutung auf den rechtmässig berufenen Bischof zu sehen.

d. Der Gruss.

Während für die Kaiserurkunden die Anwendung einer Grussformel am Schlusse der inscriptio in eine spätere Zeit gesetzt wird, kommt sie in geistlichen Urkunden früher vor. Auch die mir vorliegenden halberstädter Urkunden des 12. Jahrhunderts bieten Beispiele dafür, denn wenn auch nicht eben häufig, so sind die Fälle doch auch nicht selten zu nennen, in denen die Bischöfe die Eingangsformeln mit einem Grusse schliessen, oder einen solchen in eine der nächsten Formeln einflechten.

Gero wendet sie nur einmal an⁵), und zwar in der eliptischen Form, indem er der inscriptio einfach die Worte „in perpetuum" anhängt; Dietrich hat sie zweimal, zunächst in Verbindung mit jener langen Titelformel (s. o.): „licet indignus Dei tamen gratia — — omnibus Christi fidelibus perpetuam in ipso salutem" und ferner in der eliptischen Fassung in perpetuum in der auf der Synode erlassenen Urkunde vom 10. Juni 1189.⁶)

---

1) Orig. i. St.-A. zu Magdbg. s. R.: Stift B. V. Mariae zu Halberst. 10.
2) ebenda s. eod. R: 20.   3) ebenda s. eod. R.: 8.
4) Orig. i. St.-A. z. Magdbg. s. R.: Stift Halberst. XIII, 7.
5) St.-A. z. Magdbg., Cop. CVI, fol. 16.
6) Lentz, Stiftshistorie, S. 315.

-— Bei Ulrich finde ich sie häufiger, nämlich: „omnibus in Christo fidelibus in perpetuum", 1152, 28. Juni[1]), „omnibus universalis ecclesie fidelibus in perpetuum", 1152, 28. Juni, dieselbe Formel, 1153, 12. April[2]), „tam presentibus quam futuris Christi fidelibus in perpetuum" in den beiden Synodalurkunden vom 2. Decbr. 1153[3]) und vom 26. Juni 1180[4]) oder in der etwas verkürzten Form: „tam presentibus quam futuris in perpetuum", 1156.[5])

Die eliptischen Formen „tam preséntibus quam futuris"[6]), und das ganz kurze: „in perpetuum"[7]) finde ich je einm l, ersteres 1159, und letzteres in einer Urkunde, erlassen auf der Sommersynode zu Gattersleben den 11. Juni 1179. — Einmal lautet bei Ulrich der Gruss auch: „omnibus catholicam fidem profitentibus."[8]) — Das die Periode vollendende „salutem" fehlt durchgängig und insofern sind also sämmtliche gebrauchte Grussformeln nur eliptische

3. Prologus.

Der doch immer beschränkte Spielraum, in dem die Geschicklichkeit des Canzlisten bei der inscriptio sich zu bewegen vermochte, erweitert sich im prologus zu einem ausgedehnten Felde, denn der Inhalt dieser Formel ist ein ganz allgemeiner, der überallher genommen werden darf; nur die eine Forderung wird an den prologus gestellt, dass er seinem Inhalte nach von der nachfolgenden Materie der Urkunde nicht allzu verschieden sei, vielmehr in geschickter Weise auf diese hinüberleite. In den Formelbüchern des Mittelalters wird der prologus arenga genannt. Demgemäss finden sich in den Pro-

---

1) Orig. i. St.-A. z. Magdbg.: Kloster Hillersleben 7.
2) Riedel Cod. dipl. Brbg. I, XXII, S. 415 u. S. 417.
3) St.-A. z. Magdbg., Cop. CIV, Nr. 103.   4) Winter, Diöcesansynoden.
5) Cod. Anh. I, 2, S. 31:. u. St.-A. z. Magdbg. Cop. CIV, Nr. 1644.
6) Ebenda Cop. CIV, Nr. 1644.
7) Schöttgen u. Kreissig, Dipl. et Script. II, S. 699.
8) 1150, in pago Suppelinge, s. Prutz, H. d. L. S. 471, Nr. 2.

logen Reflexionen der allerverschiedensten Art, auch bei den halberstädter Bischöfen während des hier vorliegenden Zeitraumes.

Die meisten handeln von dem durch den Papst, aber von Gott ihnen anvertrauten Amte, vermöge dessen der Bischof berufen sei, für die Wohlfahrt der ihm Anvertrauten zu sorgen. Das Verhältniss zu den Diöcesanen wird als das eines Hirten zu seiner Heerde aufgefasst. Biblische Anspielungen finden sich natürlich oft: der Bischof steht auf der Höhe des Hauses Jacob, auf der Warte der Kirche und dergl., um zu sehen, dass derselben kein Schade geschehe. — Ebenso häufig sind directe biblische Citate: Was der Mensch säet, das wird er erndten, oder: Es ist gut zu wirken, weil es Zeit ist; häufiger aber sind sie in den Satz verwoben: das Leben des Menschen gleiche gebrechlichen Gefässen u. s. w.

Bei Bestätigung bestehender Verhältnisse wird auf die Gefahr aufmerksam gemacht, die aus der Schwäche des menschlichen Gedächtnisses erwachsen könne, es sei daher gut, den zukünftigen Geschlechtern durch schriftliche Aufzeichnung zu Hülfe zu kommen, den Vorfahren gegenüber aber gebiete es die schuldige Ehrfurcht, dass man das nicht in Vergessenheit gerathen lasse, was sie gethan hätten. Bei Schenkungen an die Kirche wird dem Gedanken Ausdruck gegeben, dergleichen bringe reichen Lohn im ewigen Leben — In den Arengen von Klosterurkunden ist fast ausnahmslos der Gedanke ausgesprochen, der Bischof sorge zwar für das Wohlergehen aller ihm untergebenen Pflegebefohlenen, ganz besonders aber derer, die in den Klöstern Gott dienten. — Ausser dem aus dem übertragenen Amte erwachsenden Pflichtgefühl, welches immer stark betont wird, ist es aber auch das leuchtende Vorbild der Vorgänger in demselben, die oft mit Namen genannt werden, welches den Bischof zum Eifer in der Ausübung des ihm Uebertragenen anspornt: „wir müssen ihren Fusstapfen folgen, in die wir nicht aus Verdienst, sondern aus Gottes Barmherzigkeit gestellt sind."

So allgemeinen Inhalts bei weitem die meisten dieser Arengen sind, so habe ich doch einige gefunden, die von Speciellerem handeln, und wenn es auch gefährlich ist, aus ihnen historisches Material entnehmen zu wollen, da ganz erweislich in allen Canzleien ältere Formeln jeglichen Inhaltes als Vorlagen bei der Ausstellung neuer Urkunden oft wörtlich benutzt wurden, so sind doch namentlich Bischof Ulrich's Formeln voll von Ausdrücken, die man, wenn man sie mit den gleichzeitigen historischen Verhältnissen und Ereignissen zusammenhält und vergleicht, nur als unter dem Einflusse derselben geschrieben ansehen kann. Ich meine damit nicht allein das, dass er, der seine ganze Regierung hindurch im erbittertsten Kampfe mit Heinrich dem Löwen lag, im Gedanken an diesen irdischen Kampf auch von der „armatura spiritualis" spricht, oder dass er diejenigen, welche sich an den Gütern der Kirche vergreifen und dieselbe zerfleischen, „lupi rapaces, irreligiosi" nennt, denn dies sind ganz gewöhnliche auch sonst vorkommende Redefiguren, die sich an bestimmte biblische Ideen von der Heerde und andere Bilder anlehnen, sondern ich finde den Beleg für meine Behauptung vielmehr in der heftigen, seinem starren Charakter entsprechenden Ausdrucksweise, die seine Urkunden im Allgemeinen kennzeichnet, ganz besonders aber in der Sprache, die er in denselben nach seiner Wiedereinsetzung in sein Amt führt. Weiter unten werde ich bei der Datirungsformel zeigen, wie er die nach 1178 ausgestellten Urkunden nach den Jahren seines Exils und des kirchlichen Schismas datirt, hier aber erwähne ich, wie er in denselben es als seine Pflicht betont, die Kirche gegen die Gefahr des Betruges oder der Gewalt zu schützen[1]), oder wie ihn die göttliche Vorschrift ermahne, Usurpationen, Nachstellungen und Gefahren zu hindern[2]), oder endlich: wie er nicht aufhören wolle, die Heerde des Herrn eifrig und emsig zu bewachen, obgleich Raub

---

1) 1178, 28. Mai, St. A. zu Magdbg., Cop. CVI, fol. 4v.
2) Schöttgen u. Kreissig, Dipl. et Script. II, S. 699.

und Aufruhr ihn von Anfang seines Amtes verfolgten.¹) Hält man dagegen die Thatsache, dass er beständig gegen die Vergewaltigung seines Stiftes und dessen Güter durch Heinrich den Löwen ankämpfte, dass letzterer während Ulrich's Exil durch Gero in den Besitz von geistlichen Lehen gelangt war, was Ulrich nur als Raub und Usurpation ansehen konnte, und dass wenige Monate nach Ausstellung der letzterwähnten Urkunde das grosse Unglück über Halberstadt, den Dom und die eigne Person des Bischofs und vieler Zugehöriger seines Stifts hereinbrach, so kann wohl kaum etwas anderes als bewusste Anspielung auf wirklich stattgehabte Ereignisse hier gefunden werden, unter deren Einfluss den Arengen jener Urkunden gerade dieser Ausdruck gegeben wurde.

Auch in Ulrich's erster Urkunde von 1150 (das Tagesdatum fehlt) mag man in der ausgesprochenen „sollicitudo suscepti regiminis" einen Hinweis auf das erst kürzlich übernommene Amt wohl um so eher finden dürfen, als dieser Ausdruck mir später nicht bei ihm vorgekommen ist.

Wie der prologus nicht als ein nothwendiger Bestandtheil aller oder auch nur einer besonderen Classe von Urkunden angesehen werden darf, durch deren Fehlen dieselben an der vollen rechtlichen Bedeutung etwas einbüssten, oder wodurch Verdacht gegen deren Aechtheit rege gerufen werden könnte, so finde ich auch unter den Urkunden des hier von mir behandelten Zeitraums viele, die dieser Formel entbehren. Bezüglich der aus Copialbüchern entnommenen Urkunden lässt sich freilich mit voller Sicherheit ein Urtheil hier nicht fällen, da bekanntlich es eine viel beobachtete Praxis bei Abfassung der ersteren war, in denselben ausser Namen und Titel des Ausstellers, die oft auch nur angedeutet werden, und dem Datum, welches aber nicht minder oft fehlt, nur eben die Materie der Urkunde zu geben, Eingangs- und andere Formeln aber wegzulassen. — Am häufigsten hat der Canzlist Ulrich's

---

¹) 1150, 26 Juni, Synodalurkunde aus Gattersleben, Winter a. a. O.

den prologus weglassen zu dürfen geglaubt, er fehlt 8mal in den Urkunden dieses Bischofs, so 1150, Urkunde ohne Tagesdatum[1]), 1150, 18. October[2]), 1151, 18. October[3]), 1152, 18. Juni[4]), 1153, 12. April[5]), 1157, ohne Tagesdatum[6]), 1156, ohne Tagesdatum[7]), endlich auch 1159, ohne Tagesdatum[8]).

In Gero's Canzlei wurde die arenga dagegen regelmässig in Anwendung gebracht, sie fehlt nur ein einziges Mal in einer einem Copialbuche entnommenen Urkunde: 1173, 24. August[9]). — Auch bei Dietrich ist ihr Fehlen eine seltene Ausnahme, die mir nur viermal begegnet ist, nämlich in der undatirten Urkunde im Staatsarchiv zu Magdeburg[10]), 1181, ohne Tagesdatum[11]), 1186, 17. December[12]), 1191, ohne Tag.[13])

Nicht immer tritt die arenga als selbständige Formel auf, oft ist sie mit der inscriptio verschmolzen, noch häufiger aber ist ihre enge Verbindung mit dem eigentlichen Inhalt der Urkunde, der promulgatio etc., zu der sie in mannigfacher stilistischer Wendung den Ein- und Uebergang bildet. Für ersteres diene als Beispiel die Urkunde Dietrich's, 1180, 3. Aug. — 15. Nov. mit „electus"[14]), wo diese drei Formeln in der Art verknüpft und in einer Periode enthalten sind, dass diese, mit quoniam beginnend, in dem ego Theodericus der nun folgenden inscriptio ihr Subject findet, und dann mit esse cupio in die promulgatio übergeht. Auch sonst noch finde ich diese drei Formeln verbunden, nur nicht grade in gleicher Verschrän-

---

1) St.-A. zu Magdbg., Cop. CVIII, fol. 23.
2) Orig. ebenda s. R.: Abbenrode 1.
3) Cod. Anhalt. I, 2, S. 275, Nr. 366.
4) Orig. i. St.-A. zu Magdbg. s. R.: Kloster Hillersleben 7.
5) Riedel Cod. dipl. Brbg. I, XXII. S. 417.
6) Cod. Anhalt. I, 2, S. 320.
7) St.-A. zu Magdbg., Cop. CIV, Nr. 57.
8) Ebenda s. eod. Rubr. Nr. 1044.
9) Ebenda, Cop. CVI, fol. 6v.
10) s. R.: Stift B. V. Mariae zu Halberst. 4.
11) Lentz, Stiftshistorie, S. 313, Nr. 1.
12) Orig. im St.-A. zu Magdbg., Stift Halberst. XIII, 8.
13) Ebenda s. R.: Kloster Ilsenburg 6.
14) Cop. d. S. Bonif.-St. auf d. Gymn.-Bibl. z Halberst. s. R.: M 61, S. 18.

kung. — Tritt die arenga aber selbständig auf, so thut sie es dafür auch gern in gehöriger Breite. nicht zwar bei Gero, dessen Canzlist überhaupt sich in den Formeln einfach ausdrückt, wohl aber bei Ulrich, s. dessen Urkunde vom 11. Juni 1179[1]), wo sie zwei Perioden umfasst, und bei Dietrich in dessen Urkunde vom 22. Februar 1184[2]), wo sie von nicht minderer Länge ist. — In der undatirten Urkunde Ulrich's im Staatsarchiv zu Magdeburg[3]) hat der Schreiber nach der invocatio offenbar gleich an die promulgatio gedacht, denn er fährt fort: notum sit tam futuris etc., flechtet aber mit „quod ego O. Dei gracia etc." die inscriptio in die nun folgende arenga ein, welche in allgemeinen Redensarten von dem bischöflichen Amte spricht. Die eigentliche promulgatio folgt erst nach Schluss dieser Periode mit: unde noverit universitas nostra.

4. Promulgatio.

Nachdem die arenga in allgemeinen Wendungen ohne besonderen Inhalt auf die Materie der Urkunde vorbereitet hatte, folgt nun der Text dieser selbst. Derselbe kann natürlich sehr verschiedener Art sein, auch innerhalb des kleinen Kreises der hier einer specielleren Betrachtung unterzogen wird Meist, handelt es sich dabei allerdings um Geld und Gut, um. die Bestätigung eines Verkaufs liegender Gründe an ein Kloster, um die Ueberlassung von Zehnten an ein solches, um Gütertausch, um die Bestätigung der Gründung einer milden Stiftung zu einer Memorie oder einem Hospital und ähnliches, wo der Bischof nur die Willensäusserungen dritter Personen mit seiner oberhirtlichen Sanction versieht; indess kommen doch auch andere Angelegenheiten, die ihn selbst betreffen: Regelung der seelsorgerischen Thätigkeit, Schlichtung von Streitigkeiten zwischen Klöstern oder Archidiaconen über ihre beiderseitigen

---

[1]) Schöttgen u. Kreissig, Dipl. et Script. II, S. 699.
[2]) Orig. i. St.-A. zu Magdbg. s. R.: Stift B. V. Mariae zu Halberst. C.
[3]) Ebenda s. eod. R.: 1 a.

Befugnisse, Befreiungen von Gerichtsbarkeit, Regelung des Gnadenjahres bei Stiftern, Emancipirung eines Ministerialen und anderes mehr.

Eingeleitet wurde diese Formel auf sehr verschiedene Weise (dies die eigentliche publicatio), je nachdem ihr eine arenga, sei es als gesonderte Periode oder nicht, vorangeht oder fehlt. Im ersteren Falle beginnt sie mit quamobrum[1]) oder ad quod sciendum[2]), hinc oder inde est quod[3]), auch quando; im letzteren, wenn arenga und promulgatio verschmolzen sind, bildet letztere den Hauptsatz mit notum esse volumus, so in Ulrich's undatirter Urkunde[4]), oder in ähnlicher Weise. Einmal[5]) wird erst der eigentliche Inhalt der Urkunde (Uebereignung eines Zehntens) gesetzt, und dann erst folgt vor dem „et ne quis" etc. die sonst vorn hingestellte Formel: „haec ergo nota esse volumus praesenti et succedenti ecclesie nostre."

Es lassen sich sehr zahlreiche und verschiedene Beispiele dafür anführen, wie die promulgatio eingeleitet wird, so z. B.[6]): „Notificamus omnibus ecclesie fidelibus", oder: „Notum esse cupimus universitati fidelium"[7]), „Sacra igitur annotatione innotescimus"[8]), „Ad quod sciendum"[9]), oder: notum facere decrevimus"[10]), oder: „Noverit tam modernorum fidelium Christi praesentia quam succedentium retroventura posteritas"[11]), und endlich: „tam praesentium quam futurorum universitate innotescimus".[12])

---

1) 1150, 18 Oct. Halberst., im St.-A. zu Magdbg., Cop. Riddagsbsn. fol. 10.
2) 1170, 18. Oct., Cod. Anhalt. I, 2, S. 377.
3) St.-A. zu Magdbg. s. R.: Stift S Petri et Pauli zu Halberst. 4, u. ebenda s. R.: Stift B. V. Mariae zu Halberst. 8.
4) Orig. Guelf. III, S. 535.
5) Orig. im St.-A. zu Magdbg. s. R.: Abbenrode 1.
6) Cod. Anh. I, 2, S. 275, v. J. 1151, 18. Oct., zu Halberst.
7) Riedel, Cod. dipl. Brbg. 1, XXII, S. 417, v. 12. April 1153.
8) Schöttgen u. Kreissig, Dipl. et Script. II, S. 699, v. 11. Juni 1179.
9) Cod. Anh. I, 2, S. 377, v. 18. Oct. 1170.
10) Orig. i. St.-A. zu Magdbg. s. R.: Stift Halberst. XIII, 6, v. 26. Apr. 1185.
11) Ebenda Cop CIII, fol. 311 v u. Cop. CVIII, fol. 16 v, v. 12. Sept. 1185.
12) Lentz, S. 315, v. 10 Juni 1189.

Ich habe schon oben gesagt, dass ich bezüglich der promulgatio der Jaffé'schen Diplomatik gefolgt bin, der das was sonst als narratio und dispositio als besondere Formel aufgefasst wird, mit dem Gesammtnamen promulgatio bezeichnete. Ganz genau ist dies freilich nicht und hat auch den Gebrauch der mittelalterlichen Formelbücher gegen sich, denn allerdings geht eine Erzählung der Umstände, die die Abfassung der Urkunde veranlassten, der eigentlichen Materie derselben meist voran, und berechtigt dazu, dieselbe als selbständige Formel anzusehen. So wird z. B. als Motiv einer Schenkung gesagt, dass der Geschenkgeber unvermählt und daher ohne die Befürchtung, seine Erben zu beeinträchtigen, die Wohlthat üben könne[1]), ein anderes Mal werden bei gleicher Veranlassung die früheren Besitzerverhältnisse des Schenkobjects erwähnt[2]), oder die Beweggründe eines Tausches genannt: „pro declinandis multis injuriis"[3]) und ähnlich. Häufig jedoch fehlt dies, und die Urkunde erwähnt dann ohne weitere Einleitung sogleich die Thatsache, um die es sich handelt.

5. Cominatio.

Der Zweck dieser ersten unter denjenigen Formeln, die den Schluss von Urkunden bilden, ist der, von Nichtachtung und Uebertretung der in denselben getroffenen Bestimmungen und Einrichtungen abzuhalten. Dies geschah durch Androhung gewisser Strafen. Diese aber waren zweifacher Art: weltliche Herren drohten mit weltlichen Strafen, mit dem Verlust ihrer Gnade oder mit einer zu zahlenden Geldbusse von oft ansehnlicher Höhe, die zur Hälfte dem Beschädigten, zur Hälfte der kaiserlichen Kammer zufallen solle; oder auch mit beidem. Geistliche Personen dagegen erinnern an die göttliche Vergeltung und das letzte Gericht, wo die Schutzheiligen der etwa

---

1) St.-A. zu Magdbg., Cop. CVIII, fol. 23, v. J. 1150.
2) Winter, Diöcesansynoden, y. 17. Oct. 1150.
3) Cod. Anh. I, 2, S. 375, Nr. 366, v. J. 1151, 18. Oct., zu Halberst.

beeinträchtigten Kirchen Zeugniss gegen den Uebelthäter ablegen werden, oder sie drohen mit kirchlicher Ahndung durch Excommunication und Bann, woran sich oft in schärfsten Ausdrücken Verwünschungen aller Art anschliessen. In Dietrich's Urkunden fehlt diese Drohformel häufig ganz, in der Hälfte der mir von ihm bekannt gewordenen ist sie gar nicht vorhanden, und in manchen der übrigen wird sie nur kurz ausgedrückt und mit einer andern Formel verschmolzen; Gero dagegen bedient sich ihrer meistens, und dasselbe gilt von Ulrich. Die cominationes dieses letzteren zeichnen sich durch Leidenschaftlichkeit der Sprache oftmals aus, so in der Urkunde vom 12. April 1153[1]): „Si quis vero futurorum vel presencium sive abbatum sive advocatorum haec predia demere vel temere invadere aut in proprios usus redigere presumpserit, si non statim resipuerit, sub tremendi iudicii Dei invocatione et beati Petri apostolorum principis et sancti prothomartyris Stephani sanctique Laurentji omniumque sanctorum attestatione ancipiti perpetuae excommunicationis gladio feriatur et cum Dathan et Abyron, nisi digne penituerit, absorbeatur." Oder kürzer: „ut non partem habeat cum ecclesia in celo et in terra, qui hoc attenuaverit"[2]), oder in einer Urkunde vom 11. Mai 1178: „ut qui irritum duxerit, sit anathema, maranatha, et deleatur nomen eius de libro vitae"[3]), und vom 11. Juni 1179: „beatae Dei genitricis et virginis Mariae et sanctorum apostolorum Petri et Pauli et sancti Johannis apostoli et evangelistae iram incurrat et omnium sanctorum digna ultione plectatur et perpetua excommunicatione dampnetur et cum impiis, qui non resurgunt, in iudicio deputetur." Beide letztere Formeln sind am Schluss mit „Amen" bekräftigt und ein dreifaches Amen schliesst auch die cominatio in Dietrich's Urkunde vom 22. Februar 1184[4]) in der einen Fassung, während die andere[5])

---

1) Riedel, Cod. dipl. Brbg. I, XXII, S. 417.
2) Cod. Anhalt. I, 2. S. 320, v. Ende d. J. 1157.
3) St.-A. z. Magdbg., Cop. CVI, fol. 4ᵛ.
4) Orig. ebd. s. R.: Stift B. V. Mariae z. Halberst. 7.   5) ebd. s. eod. R.: 6.

mit „se noverit incursurum" abschliesst, und von da an durch das Datum und eine andere Reihenfolge der Zeugen von jener abweicht.

Einmal geht der Drohung gegen den Verächter eine Segensverheissung gegen den treuen Beobachter des bischöflichen Gebots voran, in der Urkunde Ulrich's v. J. 1156[1]): „Sit igitur gratia et pax omni homini huius nostri confirmationis iura servanti, temerario vero et contemptori, nisi resipiscat, retributio eius in supplicium ignis eterni." Eine weniger starke cominatio Ulrich's ist in einer Urkunde desselben von 1159 enthalten[2]): „decernimus ut regno Dei sit alienus, si quis hanc (paginam) invaserit violenter."

Was aber Ulrich's Formeln von denen Gero's noch weit mehr unterscheidet, ist die Art der Fassung derselben bei letzterem: Gero droht fast immer im Namen der Dreieinigkeit mit ausdrücklicher Namhaftmachung der einzelnen Personen, so 1160, 2. April[3]): „Quod si quis — — iudicio patris et filii et spiritus sancti se noverit innodatum", und 1163, 18. Oct.[4]): „— — indignationem Dei patris et filii et spiritus sancti incursurum", oder verstärkt in der Urkunde vom 18. October 1170[5]): „a sacratissimo corpore et sanguine Dei et divini redemptoris nostri Jesu Christi aliena (scil. persona) fiat etc.", oder mit Hinzufügung der Apostelfürsten: „Ne autem quisquam — auctoritate patris et filii et spiritus sancti et beatorum apostolorum Petri et Pauli sub anathematis interminatione interdicimus", in Gero's Urkunde vom 9. Decbr. 1175.[6]) — Dietrich[7]) fügt der „maledictio omnipotentis Dei et apostolorum" auch „et nostrae humilitatis" hinzu, oft wird aber in seinen

---

1) Cod. Anh. I, 2. S. 313, aus d. Cop. v. Huyseburg im St.-A. z. Magdbg.
2) St.-A. zu Magdeburg, Cop. CIV, Nr. 1644.
3) Orig. i. St.-A. z. Magdbg. s. R.: Kloster Ilsenburg 4.
4) Orig. ebenda s. R.: Quedlinburg, S. Wipertikl. 1 a.
5) Cod. Anh. I, 2, S, 377.
6) St.-A. zu Magdbg., Cop. CVI, fol. 16.
7) Urk. v. 1180 im St.-A. z. Magdbg. s. R.: Stift S. Petri et Pauli z. Halb. 4.

Urkunden die cominatio auch nur durch die der Confirmirungsformel eingefügten Worte: „sub ànathemate" repräsentirt.

b. Corroboratio.

War die Urkunde soweit gediehen, dass nach Anrufung des göttlichen Beistandes in der invocatio der Aussteller mit Nennung seines Namens u. s. w. in der inscriptio die Materie der Urkunde mit oder ohne einleitende arenga publicirte, und vor Nichtachtung derselben durch Strafordnung warnte — so bedurfte es dennoch immer noch gewisser andrer Formeln seinerseits, um die Urkunde als seine wirkliche und wahre Willensmeinung hinzustellen und zu beglaubigen. — Jaffé ist bezüglich dieser Formel so verfahren, dass er sie mentio monogrammatis et sigilli nannte und unter dieser Ueberschrift die einzelnen Bestandtheile dieser Anmeldeformel abhandelte, nemlich die Beglaubigung oder corroboratio, den Abfassungsbefehl, die Ankündigung der eigenhändigen Bestätigung unten am Ende der Urkunde, da wo dieselbe in Betracht kommt, und die Ankündigung der Bekräftigung durch das Siegel. Für diese verschiedenen Unterabtheilungen erscheint aber der Titel mentio monogrammatis et sigilli zu eng, da er die Beglaubigung und den Befehl zur Abfassung nicht mit enthält, und für die bischöflichen Urkunden, mit denen ich es hier allein zu thun habe, ist derselbe auch darum nicht geeignet, weil ihnen ein Monogramm gänzlich fremd ist. Ich folge daher dem allgemein angenommenen Brauch, der diese Formel corroboratio nennt, und werde hierunter die einzelnen Bestandtheile derselben zusammenfassen.

Fast in keiner Originalurkunde fehlt bei der corroboratio die Berufung des Bischofs auf seine Machtvollkommenheit, kraft deren er die Bekräftigung vollziehe: „auctoritate banni nostri", auch „auctoritate et banno" (Urk. Gero's v. 24. Aug. 1173 [1]) oder bloss „banno ecclesiastico" (Urkunde Ulrich's v.

---

[1] St.-A. z. Magdeb., Cop. CVI, fol. 6v.

18. Oct. 1150 ¹), oder auch „episcopali auctoritate" (Urkunde Ulrich's vom 18. Oct. 1151 ²).

Die Bekräftigung durch das Siegel wird durch eine zweitheilige Formel ausgedrückt, zuerst nämlich wird eine **Motivirung der Siegelung** vorangeschickt wie: „ne alieni hanc institutionem infringere liceat" (Urkunde Dietrich's aus der Zeit vom August bis November 1180 als „electus" ³), oder: „ne huius nostri scripti paginam quispiam ausu temerario presumat infringere" (Urkunde Dietrich's von 1181 ⁴) oder: „ut autem haec actionis formula rata permaneat" (Urkunde Dietrich's von 1183 ⁵), oder auch: „hanc donationem ratam habentes" (Urkunde Dietrich's von 1184 ⁶).

Oft jedoch fehlt diese Motivirung, und die Formel enthält bloss zweitens die **Ankündigung des Siegels** wie: „et hanc cartam inde conscriptam sigilli nostri impressione consignamus" (Urkunde Dietrich's vom 26. April 1185 ⁷), auch: „sigilli nostri certa impressione" (Urkunde Ulrich's vom 28. Juli 1152 ⁸). — In einer Urkunde Gero's vom 18. October 1163 ⁹) fehlt sowohl Motivirung als Ankündigung des Siegels gänzlich, nicht aber dieses selbst, welches den sitzenden Bischof zeigt, in der Rechten den Stab, in der Linken ein offenes Buch haltend, mit der Umschrift:

GERO · DEI · GRA · HALBSTADENSIS ECCLE · EPC ·

Die Ankündigungsformel lautet einfach: „meo sigillo insigniri iussi", so in einer Urkunde Ulrich's vom 11. Juni 1179, Gattersleben¹⁰). Der Synodalurkunde Dietrich's vom 10. Juni

---

1) St.-A. z. Magdebg., s. R.: Abbenrode 1.
2) Cod. Anh. I. 2. S. 275.
3) Copiale des S. Bonifaciusstifts auf der Gymn.-Bibl. z. Halberstadt, s. R.: M 61, S. 18.
4) Lentz, Stiftshistorie S. 313.
5) Orig. im St.-A. z. Magdebg., s. R.: Stift B. V. Mariae z. Halberst. 5.
6) Ebenda s. R.: Halberst. XIII, 5a.
7) Ebenda s. eod. R.: XIII, 6.
8) Riedel, Cod. dipl. Brbg. I, XXII. S. 416.
9) Orig. im St.-A. z. Magdebg., s. R.: Quedlinbg., S. Wipertikl 1a.
10) Schöttgen u. Kreissig, Dipl. et Script. II, S. 699.

1189 ¹) fehlt jede corroboratio; dieselbe ist also kein wesentlicher Bestandtheil der Urkunden.

Wichtig sind die verschiedenen Ausdrücke, deren sich die Canzlisten zur Bezeichnung des Begriffs Urkunde bedienten, je nach dem Inhalte derselben. Zunächst donatio in einer Urk. Ulrich's ²) oder in einer ebenfalls undatirten Urk. Dietrich's ³), ferner in Urkunden desselben Bischofs vom 6. Mai 1184 ⁴) und 26. April 1185 ⁵) und vom 12. September desselben Jahres ⁶) und vom Gründonnerstag 1186 ⁷); oder donatio et ordinatio: 1186, 17. Dezember⁸); traditio: 1150, 18. October⁹) und 1170, 18. October¹⁰) und 1180, 3. August —16. November¹¹); concessio: 1159¹²), 1163, 2. April¹³), 18. October desselben Jahres¹⁴); largitio: 1170, 18. October¹⁵); oblatio: undatirte Urkunde Ulrich's ¹⁶), 1173, 24. August¹⁷), 1185, 19. Juli¹⁸); resignatio: 1150, 18. October¹⁹); commentatio: 1151, 18. October²⁰); recompensatio: 1193²¹); institutio: 1180²²); testamentum: 1150, 18. October²³); emptio: 1172²⁴); ordi-

---

1) Lentz, Stiftshistorie S. 315.
2) Orig. Guelf. III., S. 535.
3) Orig. im St.-A. z. Magdebg. s. R.: Stift B. V. Mariae z. Halberst. 4.
4) Orig. ebenda: XIII, 4.
5) Orig. ebenda: 6.
6) Ebenda Cop. CIII. fol. 311ᵛ· u. Cop. CVII, fol. 16ᵛ·
7) Leukfeld, Antiq. Num. Halb. S. 94.
8) Orig. im St.-A. z. Magdebg. s. R.: Stift Halberst. XIII, 8.
9) Orig. ebenda s. R.: Abbenrode 1.
10) Cod. Anhalt. I, 2. S. 377.
11) Cop. des S. Bonifaciusstifts s. R.: M 61, S. 18.
12) St.-A. z. Magdebg. Cop. CIV, No. 1644.
13) Orig. ebenda s. R.: Kloster Ilsenburg 4.
14) Orig. ebenda s. R.: Quedlinbg., Kloster S. Wiperti 1a.
15) Cod. Anh. I, 2. S. 377.
16) Orig. Guelf. III, S. 535.
17) St.-A. z. Magdebg. Cop. CVI, fol. 6ᵛ·
18) Orig. ebenda s. R.: Stift Halberst. XIII, 7.
19) Orig. ebenda s. R.: Abbenrode 1.
20) Cod. Anhalt. I, 2. S. 275, No. 366.
21) Orig. im St.-A. z. Magdbg. s. R.: Stift B. V. Mariae z. Halberst. 13a.
22) Cop. d. S. Bonif. Stifts auf der Gymn.-Bibl. z. Halberst. s. R.: M. 61, S. 18.
23) Orig. im St.-A. z. Magdebg. s. R.: Abbenrode 1.
24) Orig. ebenda s. R.: Stötterlingenburg 1.

natio: 1184, 6. Mai[1]), siehe auch oben donatio et ordinatio; confirmatio: 1153, 12. April[2]); 1156[3]); 1163, 18. October[4]); privilegium: 1170, 18. October[5]). Die gewöhnlichsten Ausdrücke jedoch, die auf den Inhalt des Schriftstückes keine Rücksicht nehmen, sind pagina: undatirte Urkunde Ulrich's[6]), 1175, 9. Dezember[7]) und sonst vielfach, oder carta: undatirte Urkunde Ulrich's[8]), 1150, 17. October[9]) und 18. October desselben Jahres[10]); cartula: 1191[11]); carta conscripta: 1184, 27. Mai[12]), 1186, Gründonnerstag[13]) und 17. Dezember desselben Jahres[14]); scriptura: 1186[15]); cedula: 1180[16]).

Oft werden Verbindungen gewählt, wie z. B.: pagina eiusdem negocii: 1150[17]); scriptum presentis paginae: 1179, 11. Juni[18]); huius scripti pagina: Urk. v. J. 1181[19]); scriptura presentis paginae: 1181, 27. December[20]); haec formula nostrae actionis: 1184[21]); pagina testimonialis: 1189[22]) u. 1189, 28. April[23]); nostrae confirmationis scripta: 1152, 28. Juni[24]); pagina nostrae

---

1) Orig. im St.-A. z. Magdebg. s. R.: Stift Halberst. XIII, 4.
2) Riedel, Cod. dipl. Brbg. I, XXII, S. 417.
3) Cod. Anh. I, 2. S. 313 nach Cop. v. Huysburg im St.-A. z. Magdebg.
4) Orig. im St.-A. z. Magdeb. s. R.: Quedlinbg., S. Wipertikloster 1a.
5) Cod. Anh. I, 2. S. 377.
6) Orig. im St.-A. z. Magdebg. s. R.: Stift B. V. Mariae z. Halberst. 1a.
7) Ebenda Cop. CVI, fol. 16.
8) Orig. Guelf. III, S. 535.
9) Cop. des S. Joh.-Klosters auf der Univ.-Bibl. zu Jena, nach Winter Diöcesansynoden.
10) St.-A. z. Magdebg. Cop. v. Riddagshusen fol. 10.
11) Orig. ebenda s. R.; Kloster Ilsenburg 6.
12) Ebenda Cop. LXa. fol. 1.
13) Leukfeld, Antiq. Num. Halb. S. 94.
14) Orig. im St.-A. z. Magdebg s. R.: Stift Halberst. XIII, 8.
15) Orig. ebenda s. eod. R.
16) Orig. ebenda s. R.: Stift S. Petri et Pauli z. Halberst. 4.
17) Prutz, Heinrich d. L., S. 471, No. 2.
18) Schöttgen u. Kreissig, Dipl. et Script. II, S. 699.
19) Lentz, Stiftshistorie S. 313.
20) St.-A. z. Magdebg. Cop. CVI, fol. 13v.
21) Orig. ebenda s R.: Stift B. V. Mariae z Halberst. 8.
22) Orig. ebenda 12.   23) Orig. ebenda 10.
24) Orig. im St.-A. z. Magdebg. s. R.: Kloster Hillersleben 7.

confirmationis: vom Jahre 1184[1]), oder inscriptio presentis paginae: 1186, 28. November[2]). Oft kommen in derselben Urkunde mehrere verschiedene Ausdrücke nebeneinander vor.

Die Siegel der Bischöfe sind an vielen der Originalurkunden noch erhalten; so gleich in einer der ältesten Urkunden Ulrich's ohne Datum[3]), wo es durch eine grüne Seidenschnur mit der Urkunde verbunden ist. Es zeigt den auf einem mit Thierköpfen verzierten Sessel sitzenden Bischof, in der rechten Hand den Stab, in der linken ein offenes Buch haltend. Die Umschrift lautet:

S · OTHELRICVS (!) DI GRA EPC HALBERSTAD ·

Eines Siegels Gero's ist oben Erwähnung gethan. Wie aber eine Urkunde erhalten ist, die Dietrich als noch nicht confirmirter Bischof ausgestellt hat, zwischen dem 3. August und 16. November 1180[4]), so hat sich auch aus derselben Zeit, wo er nur erst „electus" war, an einer Urkunde[5]) ein Siegelabdruck erhalten. Derselbe ist von parabolischer Form, zeigt das Bild des Sieglers stehend in langem Gewande ohne Bischofsmütze, die rechte erhobene Hand hält keinen Stab, die linke dagegen hält das Buch. Die Umschrift lautet:

✠ TEODERICVS HALBERSTAD — ENSIS ECCLESIE ELECTVS.

Die Urkunde ist ebenda[6]) in einer zweiten Ausfertigung vorhanden, die jedoch das Fragment eines anderen Siegels trägt, dieses zweite ist rund, zeigt den Bischof sitzend, von der Umschrift ist nur erhalten: ECCLE EPC, ein Beweis, dass der Bischof nach seiner Bestätigung Urkunden, die er vorher als electus erlassen hatte, später neu ausfertigen liess und

---

1) Orig. im St.-A. z. Magdebg. s. R.: Stift Halberst. XIII, 5a.
2) Ebenda Cop. CVI, fol. 16.
3) Ebenda s. R.: Stift B. V. Mariae z. Halberst. 1a.
4) Copiale des S. Bonifaciusstifts auf der Gymn.-Bibl. zu Halberstadt s. R.: M. 61, S. 18.
5) Orig. im St.-A. z. Magdebg. s. R.: Stift Petri et Pauli z. Halberst. 4.
6) Ebenda s. eod. R.: 5.

durch das eigentliche Bischofssiegel bekräftigte. Ein dem letzteren ähnliches wohlerhaltenes Siegel, auf dem der Bischofsstab und die volle Umschrift zu sehen, hängt an der undatirten Urkunde im St.-A. z. Magdebg.¹), auch an der Urkunde vom 6. Mai 1184.²). — Ob der fehlende Stab und der stehende Bischof mit dem electus-Stande in Verbindung zu bringen ist, vermag ich nicht zu sagen. Es würde, um die Sache zu entscheiden, eine Vergleichung mehrerer solcher wohl nicht häufiger electus-Siegel nothwendig sein. Eine „carta sigilli mei impressione consignata" vom 17. Decbr. 1186³) ist mit einem Siegel versehen, auf dem S. Stephan mit erhobenen Händen knieend dargestellt ist, das Siegelfeld ist mit Steinen bestreut, die Umschrift lautet:

✠ SIG · S · STEPHANI HALVERSTADENSIS ECCLE,

also trotz des „mei" kein individuelles, sondern ein Corporations-, nämlich das Capitelsiegel.

Ein von den erwähnten verschiedenes bischöfliches Siegel Dietrich's hängt an den Urkunden vom 28. April 1187⁴), von 1189 ohne Tagesdatum⁵) und auch von 1193 ohne Tagesdatum⁶); schon der Name ist in der Umschrift anders geschrieben, nämlich: TEODERIC9, das erste E ist rund, das zweite eckig.

7. Mentio et enumeratio testium.

Mit Ausnahme des Canzleipersonals erscheinen in den Kaiserurkunden keine Zeugen, nur war es manchmal Sitte, im Texte derselben diejenigen Personen zu nennen, auf deren Bitte oder Verwendung die Urkunde ausgestellt worden war. Vgl. Jaffé, Quadraginta diplomata, S. 1. 2. 8.

---

1) s. R.: Stift B. V. Mariae z. Halberst. 4 u. 6.
2) Ebenda s. R.: Stift Halberst. XIII, 5.
3) Ebenda s. eod. R.: 8.
4) St.-A. z. Magdebg. s. R.: Stift B. V. Mariae in Halberst. 10.
5) Ebenda s. eod. R.: 12.
6) Ebenda s. eod. R.: 13a.

Was aber bei den Kaiserurkunden ungebräuchlich war, war in Privaturkunden schon länger zur Anwendung gekommen, und so ist auch in den bischöflich halberstädtischen Urkunden des 12. Jahrhunderts diese Formel einer der vorzüglichsten Bestandtheile derselben. Wohl zu unterscheiden ist aber die blosse Erwähnung der Zeugen von ihrer wirklichen Aufzählung. Ihre angemessene Stelle hat diese Formel mit der mentio sigilli unmittelbar nach der eigentlichen Materie der Urkunde und der angefügten cominatio, und sie nimmt dieselbe auch in den meisten Fällen ein; doch kommt es auch vor, dass sie und die mentio sigilli umgestellt werden, so in der Urkunde Ulrich's von 1156[1]) vor das „facta sunt", und in desselben Bischofs letzter Urkunde vom 26. Juni 1180[2]) ist die mentio und enumeratio testium zwischen acta und data eingeschoben.

a. Mentio testium.

Dieser Theil der Formel bezweckt, dass die nachfolgenden Namen als den Zeugen wirklich angehörig anerkannt werden. Eine reiche Auswahl des Ausdrucks findet sich hier freilich nicht, das einfache „huius rei testes sunt" ist bei weitem das häufigste (in 49 Urkunden 20 Mal), einmal auch bloss: „Testes sunt"[3]). Andere Wendungen sind: „subnotatis testibus" in einer Urkunde Ulrich's ohne Datum[4]), oder: „Et hii designati testes" in einer Urkunde desselben Bischofs vom 17. October 1150[5]), oder: „et eorum nomina, quorum testimonio haec sunt acta, subscribi (iussimus)" in Ulrich's Urkunde vom 18. October 1150[6]), oder: „testes annotari iussi-

---

1) St.-A. z. Magdebg., Cop. CIV, No. 57.
2) Winter, Diöcesansynoden, aus dem Copialbuch des Klosters S. Joh. z. Halberst. auf der Univ.-Bibl. z. Jena, fol. 161.
3) 1186, 28. Novbr., St.-A. z. Magdebg., Cop. d. Klost. Hamersleb., CVI, fol. 16.
4) Orig. Guelf. III, S. 535.
5) Winter, a. a. O., aus dem Copiale des S. Joh.-Klosters zu Halberst. auf der Univ.-Bibl. z Jena, fol. 129.
6) St.-A. z. Magdebg. s. R.: Cop. Riddagshusen fol. 10

mus, scilicet etc." in der Urkunde Ulrich's vom 28. August 1152[1]), oder „annotari concessimus" in desselben Bischofs Urkunde vom 12. April 1152[2]); auch „adhibemus" in Ulrich's Urkunde von 1157[3]), und „inducimus" in Gero's Urkunde vom 18. Oct. 1170[4]), werden gebraucht. — Oefters heisst es bloss „presentibus", so in Ulrich's letzter Urkunde vom 26. Juni 1180[5]), oder in einer der ersten Bischof Dietrich's vom Jahre 1180, deren Original im Staatsarchiv zu Magdeburg.[6])

Die Zeugen werden als „idonei" bezeichnet in der Urkunde Ulrich's vom 28. Juni 1152[7]), auch „ydoneos testes annotari concessimus quorum haec sunt nomina" in desselben Urkunde vom 12. April 1153[8]), oder „honesti", so z. B.: „presentibus honestis viris tam de clero tamde populo" in Dietrich's Urkunde vom 27. December 1181.[9])

b. Enumeratio testium.

Nach der Einführung der Zeugen werden die Namen derselben einfach aufgezählt mit Beobachtung einer gewissen Reihenfolge. Treten z. B. die Insassen mehrerer verschiedener Stifter als Zeugen in einer Urkunde auf, so ist es natürlich, dass die Glieder einer jeden solchen Gemeinschaft zusammen und gemäss der Rangordnung genannt werden, die sie im Stifte einnehmen. Im Allgemeinen gilt als Regel, dass die Geistlichen den Vorrang vor den Laien haben, doch kommt, wenn die letzteren vornehmen Standes sind, auch das Umgekehrte vor; so stehen in einer Urkunde Ulrich's vom 28. Juni

---

1) Riedel, Cod. dipl. Brbg. I, XXII, S. 415.
2) Riedel a. a. O. S. 417.
3) St.-A. zu Magdbg. Cop. CVIII, fol. 16 u. Cop. CIII, fol. 311ᵛ.
4) Cod. Anh. I, 2, S 377.
5) Winter, a. a. O. aus dem Cop. des S. Joh.-Kl. zu Halberst.
6) s. R.: Stift S Petri et Pauli zu Halberst. (B) 4.
7) Orig. im St.-A. zu Magdbg. s. R.: Kloster Hillersleben 7.
8) Riedel, Cod. dipl. Brbg. I, XXII, S. 417.
9) St.-A. zu Magdbg., Cop. Hamersleben (CVI), fol. 13ᵛ.

1152[1]), die auf einer Synode abgefasst ward, Adelbertus marchio, Fridericus palatinus vor Arnoldus Magdeburgensis abbas und einer Menge Geistlicher, erst nach diesen letzteren kommen wieder andre weltliche Grafen und Herren, wie Otto comes, Theodoricus frater eius, Burchardus de Valkensten und andre, während eine andre am gleichen Tage ausgestellte[2]) in erster Stelle Fridericus Magdeburgensis archiepiscopus, dann denselben Arnoldus abbas de monte wie zuvor setzt, und auch ziemlich dieselben geistlichen Zeugen wie dort hat; nach dem letzten Geistlichen in beiden Urkunden, einem Canoniker Gero, kommen aber in dieser nun hier erst diejenigen Laien, die dort an der Spitze sämmtlicher Zeugen standen: Adelbertus marchio et filii eius Otto marchio et Hermannus comes, Fridericus pa- . latinus etc.

In einer Urkunde Gero's von 1163, 18. Oct.[3]) fehlt die mentio testium ganz, doch ist im Original ein leerer Raum an der Stelle gelassen, der dieselbe, freilich in allerkürzester Form, denn viel Platz ist nicht da, vielleicht noch aufnehmen sollte. Hinter diesem leergelassenen Raum stehen die Zeugen, zuerst der Bischof mit „Ego Gero Dei gracia Halberstadensis sedis episcopus subscripsi" und in wörtlich übereinstimmender Fassung fünf hohe Geistliche seines Sprengels. An eigenhändige Unterschrift ist jedoch hier nicht zu denken, die Hand welche die Urkunden schrieb, hat auch die Namen darunter gesetzt, und zwar in fortlaufenden Zeilen und ohne dass neben den Namen ein monogrammartiges Zeichen irgend eine eigenhändige Thätigkeit der Signatoren andeutet. Die Urkunde giebt sich zwar nicht durch ein „in plena sinodo", sondern nur durch . das Datum als Synodalurkunde zu erkennen. Dies genügt in diesem Falle aber vollständig, um sie als solche zu legitimiren, und gewiss passt die förmliche Art der Zeugenaufzählung zu der feier-

---

1) Riedel, Cod. dipl. Brbg. I, XXII, S. 415.
2) Riedel, a. a. O. S. 416, das Orig. ist im St.-A. zu Magdbg. s. R. Kloster Hillersleben 7.
3) Orig. im St.-A. zu Magdbg. s. R.: Quedlinburg, S. Wipertikloster 1 a.

lichen Gelegenheit. Ich habe diese Art der enumeratio in keiner andern Urkunde dieses Zeitraums gefunden. Häufig schliesst die Zeugenreihe mit „et alii", oder „et aliis quam pluribus laycis quam clericis" (so z. B. 1184, 27. Mai, Oschersleben, Synodalurkunde Dietrich's[1]), gleich unserem „u. s. w."

8. Nota temporis et loci.

Diese vorletzte Formel ist von ganz besonderer Wichtigkeit und muss deshalb bei einer jeden Urkunde einer genauen Prüfung unterworfen werden, weil sie den Ort und die Zeit enthält, wo und wann dieselbe erlassen worden ist. Aechtheit oder Fälschung ist ebenfalls an ihr häufig zu erkennen. Fehlt diese Formel, so braucht man zwar nicht, wie geschehen ist, die Rechtsgültigkeit der Urkunde sofort anzuzweifeln, es erwächst aber dann dem Historiker die Aufgabe, aus der Urkunde und ihrem Inhalte heraus, oder nach den als Zeugen genannten Personen oder anderen äusseren Merkmalen Ort und Zeit zu bestimmen, was nicht immer möglich ist. Auf die Streitfrage, ob Actum den Ort angebe, wo der Befehl zur Ausstellung der Urkunde gegeben sei, und datum den Tag, an dem sie vollendet sei, brauche ich hier nicht einzugehen. Die von mir durchgesehenen halberstädter Urkunden haben der Mehrzahl nach wenigstens ein Jahresdatum, die Ortsangabe fehlt vielfach. In der undatirten Urkunde Ulrich's[2]) ist nach der cominatio der Raum von etwa 1½ Zeilen leer gelassen wahrscheinlich hatte actum und datum nachträglich hineingesetzt werden sollen, denn in der That steht am Anfang der Lücke ein von andrer aber gleichzeitiger Hand geschriebenes A daselbst, das Uebrige fehlt aber.

Die Jahre, nach denen die betr. Urkunden zählen, sind durchweg Incarnationsjahre, wie sie damals allgemein im

---

1) Winter, Diöcesansynoden, St.-A. zu Magdbg., Cop. Stötterlingenburg (LX, a) fol 1.

2) Orig. im St.-A. zu Magdbg. s. R.: Stift B. V. Mariae zu Halberst. 1a.

Gebrauch waren, und geben sich als solche zu erkennen durch den fast ausnahmslosen Zusatz: „ab incarnatione dominicae", statt dessen nur einige Male: „ab incarnatione Domini", nämlich in der Urkunde Ulrich's aus den letzten 4 Monaten des Jahres 1156, von der v. Heinemann[1]) nachweist, wie wegen des Pontificatsjahres sie nicht in dem Jahre 1158 ausgestellt worden sein könne, welches im Texte steht, und dass wegen indictione quinta sie nach dem September zu setzen sei, und in einer anderen aus demselben Jahr[2]), ferner v. J. 1157[3]), so auch in der Urkunde des Bischofs Gero aus dem Jahre 1163, 18. Oct.[4]) u. Dietrich's von 1180[5]) und in den letzten Urkunden desselben von 1187, 28. April[6]), 1189, 10. Juni[7]), während 1191[8]) u. 1193[9]) der Ausdruck „anno Domini" gebraucht wird. — Einmal, in einer Urkunde Ulrich's von 1159[10]), finde ich auch den Ausdruck: „regnante domino nostro Iesu Christo."

Das Regierungsjahr des Kaisers ist nur in einer einzigen Urkunde erwähnt vom Bischof Ulrich im Jahre 1157[11]): „regnante Friderico Romanorum imperatore augusto anno autem imperii eius V^{to}", ein Zusatz jedoch, wie: „regnante Friderico" oder „presidente papa" ohne Nennung eines Jahres kommt einige Male vor, so in einer Urkunde Ulrich's vom 28. Mai 1178[12]), oder Dietrich's aus den Jahren 1181[13]) und 1189[14]): „presidente Romano ecclesie papa Clemente, regnante Friderico Romano-

---

1) Cod. Anhalt. I, 2. S. 313.
2) St.-A. zu Magdeburg, Cop. CIV, Nr. 57.
3) Ebenda, Cop. Huysburg (CVIII) fol. 16 u. Cop. CIII, fol. 311 ^{v}.
4) Orig. ebenda s. R : Quedlinburg. S. Wipertikloster 1 a.
5) Orig. ebenda s. R.: Stift S Petri et Pauli zu Halberst. (B) 4.
6) Orig ebenda s. R : Stift B. V. Mariae zu Halberst. 10.
7) Lentz, Stiftshist. S. 93 u. S. 315, Nr III.
3) Orig. im St.-A. zu Magdeburg, s. R.: Kloster Ilsenburg 6.
9) Orig. ebenda s. R.: Stift B V. Mariae zu Halberstadt 13 a.
10) St.-A. zu Magdeburg, Cop. CIV, Nr. 1644.
11) St.-A. zu Magdeburg, Cop. CVIII, fol. 16 u. Cop. CIII, fol. 311 ^{v}.
12) ebenda Cop. CVI, f. 4 ^{v}.
13) Lentz, Stiftshistorie, S. 313, Nr. I.
14) Orig. im St.-A. zu Magdbg., s. R.: Stift B. V. Mariae zu Halberst. 12.

rum imperatore", und 1193 ¹): „presidente sancte Romane ecclesie papa Celestino III, regnante Heinrico Romanorum imperatore."

Nach den Jahren ihrer Wahl oder Ordination zählen die Bischöfe öfters, doch nie, wie dies schon bei den Kaiserjahren hätte erwähnt werden sollen, ausschliesslich, sondern immer neben den Incarnationsjahren, z. B. Ulrich in der Urkunde vom 18. Oct. 1151²): „anno vero Odelrici episcopi venerabilis secundo, electionis et ordinationis illius", und 1156³): „pontificatus Odelrici Halberstadensis episcopi anno septimo." Das: „ordinationis vero domini Ulrici Halberstadensis episcopi anno primo" in einer Urkunde Ulrich's von 1159⁴) (?) stimmt nicht mit dieser Jahresangabe, doch ist die Urkunde nur in einer jüngeren Copie vorhanden, und kann der Fehler auch in der mit arabischen Ziffern geschriebenen Jahreszahl stecken. Von den Urkunden, in denen Bischof Dietrich nach Jahren seiner Ordination rechnet, ist schon oben gesprochen worden, hier kann ich für das dort angenommene Jahr 1184 als Ordinationsjahr noch eine Urkunde von 1189 anführen⁵): presidente Romane ecclesie papa Clemente regnante Friderico Romanorum imperatore, anno ordinationis nostre VI°. Sonst habe ich von Wahljahren Dietrich's in der nota temporis keine Spuren gefunden, wohl aber in der promulgatio. Ulrich bedient sich in den aus einer gewissen Zeit stammenden Urkunden noch einer besonderen Art der Zählung: nach seiner Wiedereinnahme des bischöflichen Stuhles rechnet er nämlich ausser nach Pontificatsjahren, die natürlich v. J. 1149 an zählen, auch nach Jahren seiner Rückkehr aus dem Exil⁶): „anno pontificatus nostri XXXI et reditus nostri in

---

1) Orig. im St.-A. zu Magdbg. s. R.: Stift B. V. Mariae zu Halberst. 12.
2) Cod. Anhalt. I, 2. S. 275, Nr. 366.
3) Ebenda S. 313.
4) St.-A. zu Magdbg., Cop. CIV, fol. 1644.
5) Orig. im St.-A. z. Magdbg. s R.: Stift B. V. Mariae z. Halberst. 12.
6) Schöttgen u. Kreissig, Dipl. et Script. II, S. 699 ff.

episcopatum, a quo tempore scismatis propter obedienciam sedis apostolice cessaremus annos XVII, anno III", oder: „Acta sunt hec anno dominice incarnacionis M°CLXXX, anno tertio reditus nostri post scisma universalis ecclesie"[1]) u. s. w.
In Urkunden, die ein anderes Stift oder Kloster angehen, werden den bisherigen Jahresbestimmungen wohl auch noch die Regierungsjahre des betreffenden Abtes beigefügt, so in zwei Urkunden Ulrich's für das Kloster Huyseburg die Jahre des Abtes Degeno; in der ersten[2]), zwischen September und das Ende des Jahres 1156 zu setzenden heisst es: Degenone abbate Huysburgensi monasterio presidente, anno vero sedis eius III, und in der zweiten von 1157[3]): „Degenone abbate Huysburgensi monasterio presidente, anno sedis eius tertio"; eine Prüfung der Richtigkeit dieser Angaben liegt ausserhalb des Bereichs dieser Arbeit.

Ebenso ausnahmslos, wie die Incarnationsjahre, ist in den vorliegenden Urkunden die Indictionsrechnung anzutreffen, denn die Fälle, wo eine wenigstens durch die Jahresangabe fixirte Urkunde der Angabe der Indiction entbehrt, beschränken sich auf eine ganz geringe Zahl. In der That eignete sich bei der grossen Menge weltlicher und geistlicher, sich oft einander feindlich gegenüber stehenden Herrscher und Fürsten eine Jahresrechnung nach annis regni oder pontificatus wenig und konnte darum nicht zu so allgemeiner Geltung gelangen wie der in unveränderlicher Folge sich regelmässig abwickelnde Indictionscyclus. Welcher der drei Cyclen in Anwendung ist, der römische (1. Jan.), der griechische (1. Sept.) oder der bedanische (25. Sept.), ergiebt sich aus einer Untersuchung der Daten derjenigen Urkunden, die zwischen dem 1. und 24. Sept. liegen, wonach entweder die griechische oder bedanische Indiction gebraucht worden ist. Für die andern, die weder mit dem 1. noch dem 24. Sept. die Indiction wechseln, ergiebt sich

---

1) Winter, Diöcesansynoden aus d. Cop. d. Joh.-Klosters zu Halberst., fol. 16, auf der Univ.-Bibl. zu Jena. 2) Cod. Anhalt. I, 2, S. 313.
3) St.-A. z. Magdbg., Cop. CVIII, f. 16 u. Cop. CIII, f. 311ᵛ.

die römische. Unter den halberstädter Urkunden aus der zweiten Hälfte des 12. Jahrhunderts ist nur eine einzige sicher aus dem September datirte vorhanden, die des Bischofs Dietrich vom 12. Sept. 1185[1]), sie hat indictione III*, rechnet also nach der römischen Indiction, und da alle übrigen Urkunden in ihrem Indictionsjahre mit dieser übereinstimmen nach der Cyclusziffer, so ist für Halberstadt der römische Indictionscyclus als Norm anzusehen.

Die Angabe der Tage geschah im Mittelalter auf zweifache Weise, entweder nach den Monatseintheilungen des altrömischen Kalenders, oder nach den christlichen Festen und Heiligentagen. Der erstgenannte Modus ist der in der halberstädter Canzlei fast durchgängig beobachtete, nur eine sehr geringe Anzahl unter den Synodalurkunden machen eine Ausnahme, und sind nach Kirchenfesten datirt; die der Frühjahrssynoden mit: „in coena Domini", so die Urkunde Dietrich's vom 29. März 1184 aus Aschersleben[2]), und desselben Bischofs vom 17. April 1186[3]), die der Herbstsynoden aber mit: „in festo beati Lucae", z. B. in der Urkunde Ulrich's vom 18. Oct. 1150[4]), und die vom gleichen Tage des folgenden Jahres 1151.[5])

Einen Grund, warum für letztere der Lucastag bestimmt war, vermag ich in dem mir zugänglich gewesenen Material nicht zu finden, habe auch nicht bemerkt, dass dieser Heilige sich im halberstädter Sprengel einer besonderen Verehrung erfreut habe, oder dass Kirchen oder Capellen ihm gewidmet gewesen wären.

Ein einziges Mal ist der Wochentag in einer Urkunde bezeichnet, vom Bischof Dietrich am 22. Februar 1184[6]): „in

---

1) Leukfeld, Antiq Num. Halb. S. 96, Anmerk. f, u. St.-A. z. Magdbg., Cop. CIII, fol. 311ʳ u. Cop. CVIII, fol. 16 v.
2) Schöttgen u. Kreissig, Dipl. et Script. II, S. 703.
3) Leukfeld, Antiq. Num. Halb. S. 94.
4) Orig. i. St.-A. zu Magdbg. s. R.: Abbenrode 1.
5) Cod. Anhalt. I, 2, S. 275.
6) Orig. im St.-A. z. Magdbg., s. R.: Stift B. V. Mariae z. Halberst. 6 u. 7.

quarta feria", also Mittwoch. Diese Urkunde ist überhaupt in der vollständigsten Weise datirt, durch das Incarnationsjahr, die Indiction, den Cyclus decemnovalis und lunaris, die Epacte, Concurrentes, den Wochentag und das Datum nach römischem Kalender, nur annus regni und pontificatus fehlen zur Vertretung sämmtlicher mittelalterlicher Zeitangaben. Concurrentes und Epactae kommen noch einmal vor in einer anderen Urkunde Dietrich's vom Jahre 1181 [1]).

Die Ausdrücke datum und actum werden ziemlich promiscue gebraucht und nicht mit der bestimmten Sonderung, dass data oder datum bei der Zeitangabe, acta und actum bei der Ortsangabe stehe; ein Princip in der Anwendung beider lässt sich aus den halberstädter Urkunden heraus wohl nicht aufstellen. Für acta steht öfters auch facta oder gesta, einmal: „acta sunt haec et scripta per manus magistri Johannis anno etc." (Urkunde Gero's vom 18. October 1170 [2]). Mehrere Male theilen sich beide Ausdrücke der Art in die Formel, dass auf datum der Ort und das Tagesdatum, auf actum die Jahreszahl folgt, so z. B.: „Data Halberstad XVI Kal. Nov." in einer Urkunde Ulrich's vom 17. October 1150 [3]), und in dessen Urkunde vom 28. Juni 1152: „Datum Halberstat" [4]), oder in seiner letzten Urkunde vom 26. Juni 1180 [5]): „acta sunt haec anno dominice incarnacionis M°CLXXX data Gattersleben VI Kal. Julii", oder in Gero's Urkunde vom 9. December 1175 [6]): „Acta sunt haec anno dominice incarnationis millesimo etc. — data quinto idus Decembris." Doch steht, wie gesagt, dies nicht fest, actum ist auch mit dem Ort verbunden: „actum Halberstat anno etc." in der Urkunde Ulrich's vom 18. (?) October 1150 [7]). Die termini actum und datum fehlen öfters, während

---

1) Lentz, Stiftshistorie, S. 92 u. 313, No. 1.
2) Cod. Anh I, 2. S. 377 aus dem Cop. des Klosters Marienthal.
3) Winter, Diöcesansynoden, aus dem Copiale des S. Joh.-Klosters zu Halberst, fol. 129.
4) Riedel, Cod. dipl. Brbg. I, XXII, S. 415.
5) Winter u. a. O. aus demselben Cop. fol. 161.
6) St.-A. z. Magdbg., Cop. Hamersleben (CVI), fol. 16.
7) Ebenda, Cop. Riddagshusen, fol. 10.

doch Orts- und Zeitangabe dasteht, auch stehen sie nicht immer unmittelbar nebeneinander, sondern werden durch andere eingeschobene Urkundenformeln von einander getrennt, so in der Urkunde Ulrich's vom 26. Juni 1180 aus Gattersleben [1]), wo nach der cominatio die Jahresangabe folgt: „Acta sunt haec anno dominice incarnationis M°CLXXX" etc., dann steht das Jahr der Rückkehr nach dem Schisma, die Erwähnung des Papstes und des Kaisers, endlich die mentio testium und nun erst ganz zum Schluss: „Data Gaterslove VI. Kal. Julii, indictione tertia decima". Es lässt sich mit Sicherheit hieraus schliessen, dass die **Abfassung** der Urkunde früher und an einem anderen Orte geschehen sein wird, die **Vollziehung** dagegen erst in Gattersleben auf der Synode stattfand, wo auch die Namen der Zeugen hinzugefügt wurden. Wäre die Urkunde im Original erhalten, so würde Verschiedenheit der Handschrift und der Tinte den entscheidenden Ausschlag geben. Hieraus aber die Folgerung zu ziehen, dass actum immer den Ort, wo die Urkunde auszustellen befohlen worden sei, datum dagegen den Tag ihrer Vollendung bezeichne, halte ich mich nicht für berechtigt, auch ist das mir dafür zu Gebote stehende Material nicht reichhaltig genug.

Dass die Urkunden nach ihrer Abfassung noch einer Durchsicht unterworfen waren und bei dieser Gelegenheit erst die Vollziehung stattfinden mochte, sicht man an der Urkunde Ulrich's: Halberstadt den 28. Juni 1152 [2]), wo die Zeit- und Ortsangabe nebst dem votum finale am unteren Rande des Pergaments mit anderer Tinte und Handschrift, aber gleichfalls jener Zeit angehörig, nachgetragen worden ist.

Eine **Ortsangabe** haben bei weitem die wenigsten der halberstädter Urkunden dieser Zeit, die meisten beschränken sich bei dieser Formel auf die Jahreszahl. Eine gewisse Classe der Urkunden lässt aus dem vorhandenen Tagesdatum den Ort der Ausstellung in den meisten Fällen bestimmen, es sind die

---

1) Winter, Diöcesansynoden, aus dem Cop. d S. Joh.-Klost., fol. 161.
2) Orig. i. St.-A. z. Magdbg. s. R.: Kloster Hillersleben 7.

Synodalurkunden; von den Synoden aber wissen wir, dass die Gründonnerstags- und Lucassynode in Halberstadt, die Sommersynode dagegen meist in Gattersleben gehalten wurden. Dass auch Ausnahmen vorkommen, beweist die Urkunde Ulrich's vom 28. Mai 1178 [1]) mit: „in publica sinodo Osschersleve", und Dietrich's vom 29. März (Gründonnerstag) 1184 [2]) mit: „Aschersleben in coena domini plena sinodo", wonach sogar die Gründonnerstagssynode ausserhalb Halberstadt abgehalten wurde. Derselbe Ort wurde auch zur Sommersynode hin und wieder benutzt, vergl. die Urkunde Dietrich's vom 27. Mai 1184 [3]): „Oscherslove in generali sinodo".

Die Ortsnamen kommen immer nur in deutscher Form vor, mit sehr geringer Abweichung in der Rechtschreibung, die sich meist auf eine niederdeutsche Erweichung von b und t in v und d beschränkt. Die Endung -leben kommt ausser in dieser noch in der Form -leve, -leven und -love vor, ersteres 3 mal, -leven nur 1 mal, -love auch 3 mal. Zweimal wird der Ortsname mit der Präposition gebraucht: 1172 „in Thietphorde" [4]) und 11. Juni 1179: „in Gatersleben" [5]). Eine Urkunde setzt dem Ortsnamen die nähere Bezeichnung „in coenobio" [6]) hinzu, und eine andere ist datirt: „in pago Suppelinge" [7]).

9. Votum finale oder Clausula.

Wie die Urkunden mit einer Anrufung Gottes beginnen, so schliessen auch manche von ihnen mit einer ähnlichen Formel, dem votum finale, auch clausula genannt, die gewöhnlich

---

1) St.-A. z. Magdbg, Cop. d. Klost. Hamersleben (CVI), fol. 4 a.
2) Schöttgen u. Kreissig, Dipl. et Script. II, S. 703.
3) St.-A. z. Magdbg. Cop. Stötterlingenburg (LX a) fol. 1.
4) Orig. ebenda s. R.: Stötterlingenburg 1.
5) Schöttgen u. Kreissig, Dipl. et Script. II, S. 699.
6) scil. „Huysburgensi", 1185, 12. Sept.; St.-A. zu Magdeburg Cop. CIII, fol. 311v. u. Cop. CVIII, fol 16v.
7) Orig. Guelf. Probationes No. 79, S. 535 nach dem Original.

zwar nur in den kurzen Worten: „feliciter Amen" besteht, jezuweilen aber doch auch ein paar Worte mehr enthält. Bei den von mir benutzten halberstädter Urkunden Ulrich's, Gero's und Dietrich's ist der Gebrauch allerdings die Ausnahme, doch wird man ihr öfteres oder seltneres Vorkommen nur nach den Originalen richtig beurtheilen können, die Copialbücher sprechen hier nicht gleichberechtigt mit. In den 3 von Gero erhaltenen Originalen kommt sie 2 mal vor, bestehend aus dem einen Worte „feliciter" am Schlusse der Urkunde, nämlich 1163, 2. April[1]), und 1163, 18. October[2]). Die längere Form: „feliciter Amen" kommt bei Ulrich vor in seiner Urkunde vom 18. October 1154[3]), den beiden Urkunden vom 28. Juni 1152[4]) und bei Dietrich in einer Urkunde datirt 1181 Meringen[5]). Die lange, eine nochmalige vollständige Invocation enthaltende Formel: „in nomine domini, amen", oder: „in nomine Dei, amen" ist im Verhältniss mit dem allgemein selteneren Gebrauch derselben überhaupt ziemlich oft in Anwendung gekommen, so bei Dietrich 3mal: 1185, 19. Juli[6]), 1186, 17. April[7]) und 1186, 17. December[8]).

Dass ein amen nicht selten auch der cominatio angehängt wird, habe ich oben schon erwähnt, und darf dasselbe nicht mit dem votum finale verwechselt werden.

---

1) Orig. im St.-A. z. Magdbg. s. R.: Kloster Ilsenburg 4.
2) Original ebenda s. R.: Quedlinburg, S. Wipertikloster 1 a.
3) Cod. Anh. I, 2. S. 275 nach dem Original.
4) Orig. im St.-A. z. Magdbg. s. R.: Kloster Hillersleben 7 und Riedel, Cod. dipl. Brbg. I, XXII, S. 415.
5) Lentz, Stiftshistorie, S. 313, No. I.
6) Orig. im St.-A. z. Magdbg. s, R.: Stift Halberst. XIII, 7.
7) Leukfeld, Antiq. Num. Halb., S. 94.
8) Orig. im St.-A. z. Magdbg. s. R.: Stift Halberst. XIII, 8.

II.

Regesten.

Ulrich, Graf von Reinstein, Bischof von Halberstadt.
1149 nach 18. Oct. — 1160, Sept. bis Dec.; zum 2. Mal 1176 im Oct.
— 1180, 30. Juli.

Nr.	Tag.	Jahr.	Ort.	
1.	1. Ap.	1150.	Fulda.	U. Zeuge in einer Urkunde König Conrad's III. v. Heinemann, Cod. Anhalt. I, 2, S. 267; Stumpf RCzlr. 3570.
2.	15. Juni	„	(Gattersleben	in synodo). U. tritt dem Kl. S. Michael den Zehnten in Eringerode ab gegen 2 Hufen in Ditfurt, die dasselbe dem S. Joh.-Kl. in Halberstadt überlässt. Leukfeld Ant. Michaelst. S. 90; Erath, Cod. dipl. Quedl. S. 87; Kettner, Ant. Quedl. S. 177; Falke, Trad. Corb. 769: „in synodo hoc factum coram ecclesia nostra in Gatersleve", wo U. einen Tausch zwischen dem Kloster Schöningen und dem Grafen Otto v. Falkenstein bestätigt, ist wahrscheinlich die Synode des 15. Juni 1150. (Winter).
3.	30. Juli	„	Würzburg.	U. und andere geistliche und weltliche Fürsten Sachsens befürworten die Schenkung der Abtei Ringelheim an den Dom zu Hildesheim. Cod. Anh. I, 2, S. 268, Nr. 356, wo nachgewiesen wird, dass die Urk. wegen Indiction und Regierungsjahr nach 1150 zu verlegen sei. Stumpf, RCzlr. 3571; Böhmer Reg. 2287; Orig. Guelf. III, S. 438.
4.	18. Oct.	„	Halberstadt.	in plena synodo. U. beurkundet die Schenkung von $3\frac{1}{2}$ Hufen durch den

5.	18. Oct.	1150.	Halberstadt.	Edlen Veit v. Bornstedt an das S. Johanniskloster zu Halberstadt. Cop. S. Joh. f. 129 im Besitz der Univ.-Bibl. zu Jena. in sinodo magna. U übereignet dem Kloster Abbenrode einen Zehnten in Herbrechtingerode und einen andern in Abbenrode, welche vorher Joh. u. Friedr. v. Scheu zu Lehen gehabt haben. Orig. im St.-A. zu Magdbg. s. R.: Abbenrode 1, etwas beschädigt.
6.	"	"	"	U. überlässt die Zehnthebung in Glismerode mit Bewilligung des Archipresbyters Ulrich zu Athlevessem dem Kloster Riddagshusen. St.-A. zu Magdeburg: Cop Riddagshusen f. 10.
7.	12. Nov.	"	Schloss Altenburg.	U. Zeuge in einer Urk. König Conrad's III., worin dieser das Kloster Gottesgnaden in seinen Schutz nimmt. Orig. im Geh St.-A. zu Berlin, danach Cod. Anhalt. I, 2. S. 269, Nr. 357; Ludewig, Mscr. rel. XI, 539; Stumpf RCzlr. Nr. 3594 setzt diese Urkunde auf den 12. Nov. 1150 gegenüber Böhmer Reg. imp. Nr. 2295 u. v. Raumer Reg. hist Brand. Nr. 1167.
—	o. T.	"	Fulda.	U. ist gegenwärtig bei der Wahl Marquard's zum Abt von Fulda. Jaffé, Bibl. rer. germ. I, S. 372, Nr. 250.
8.	o. T.	"	in pago Supplinge.	U. vertauscht an Eberhard, Abt zu Lutter, den Zehnten daselbst gegen 5 Hufen in Schöningen. Prutz, Heinr. d. L., S. 471, Nr. 2 aus Meibom's handschr. Chronik v. Königslutter, S. 79 im Archive zu Wolfenbüttel.
9.	o. T.	"	o. O.	U. beurkundet den Verkauf von 7½ Hufen in Uplingen für 63 Mark durch Herrn Gunzelin an das Kloster Huysburg. St.-A. zu Magdeburg, Cop. CIII, f. 314 u. Cop. CVIII, f. 23; Meklenbg. Urkundenbuch I, S. 40. Die Urkunde ist unvollendet und ihre Verlegung in das Jahr 1150 daher nicht ganz sicher. S. darüber das Meklenbg. Urkundenbuch a. a. O. Uplingen ist nicht das in der Nähe des Huy, sondern das zwischen Schöningen u.

—	nach d. 15. Sept.	1151.	o. O.	Seehausen belegene Dorf dieses Namens. Ueber Dodelinus s. Mon. SS. VII, S. 849. Wibald, Abt von Corvey, erwähnt U. in einem Schreiben an den Kaiser Immanuel, und benachrichtigt letzteren von dem an diesem Tage zu Würzburg beschlossenen Kriege gegen den König Roger von Sicilien u. s. w. Jaffé, Bibl. rer. germ. I, S. 475, Nr. 343.
10.	Mitte Sept.	„	Würzburg.	U. Zeuge in einer Urkunde König Conrad's III., worin derselbe die Prämonstratenser-Abtei Floreffe bei Namur in seinen Schutz nimmt. Hugo, Annal. Praem. I, 56; Cod. Anh. I, 2, S. 274, Nr. 365, vgl. Mon. SS. XVI, S. 86.
11.	18. Oct.	„	Halberstadt.	in publica sinodo. U. bestätigt einen Gütertausch zwischen dem Kl. Schöningen und dem Grafen Otto v. Heldesleben. Cod. Anh. I. 2, S. 275 nach dem Orig. im Arch. zu Wolfenbüttel. Riedel, Cod. dipl. Brbg. I, XVI, S. 2 nach Falke, Trad. Corb. S. 768 (fehlerhaft).
—	9. Jan.	1152.	Segnia.	Papst Eugen III. ermahnt U., die Beraubung des Klosters Corvey von gewissen Zehnten nicht zu dulden. Jaffé, Bibl. rer. germ. I, S. 448, Nr. 357. Ebenda mehrere Briefe des Papstes gleichen Inhalts an andere deutsche Bischöfe, sämmtlich vom gleichen Datum.
12.	18. Mai.	„	Merseburg.	U. Zeuge in einer Urk. König Friedrich's, worin derselbe die Besitzungen und Rechte von Corvey bestätigt. Orig. Guelf. III, S. 23; Stumpf RCzlr., Nr. 3626; Cod. Anh. I, 2, S. 285, Nr. 381.
13.	28. Juni.	„	o. O.	U. bestät. d. Güter d. Kl. Hillersleben. Orig. im St.-A. zu Magdeburg s. R.: Kl. Hillersleben 7 mit des Bischofs Siegel. Riedel, Cod. dipl. Brbg. I, XXII, S. 416, weicht namentlich in der Orthographie der Namen sehr vom Orig. ab.
14.	„	„	Halberstadt.	U. bestätigt dem Kl. Hillersleben die unter dem Abte Irminhard gemachten neuen Erwerbungen. Riedel, Cod. dipl. Brbg. I, XXII, S. 415.

15.	12. Apr.	1153.	o. O.	U. bestätigt das, vom Abte Irminhard im Kloster Hillersleben eingerichtete Hospital. Orig. im St.-A. zu Magdebg. s. R.: Klost. Hillersleben 8; Riedel, Cod. dipl. Brbg. I, XXII, S. 417.
—	April -Juli.	„	o. O.	Die päpstlichen Legaten Bernhard und Gregor beauftragen U., den Liudolf und den Pfalzgrafen Friedrich v. Sommerscherburg zu excommuniciren, wenn sie dem Kloster Corvey die genommenen Güter nicht zurückerstatten. Jaffé, Bibl rer. germ. I, S. 562, Nr. 414.
16.	o. T.	„	o. O.	U. benachrichtigt den Erpo Decan zu Halberstadt, dass er den Pfalzgrafen Friedrich v. Sommerschenburg excommunicirt habe. Jaffé, Bibl. rer. germ. I, S. 560, Nr. 423; Martène et Durand II, S. 573; Obersächsische Nachlese, IV, S. 583.
17.	2. Dec.	„	o. O.	U. bestätigt alle Besitzungen des. S. Johannisklosters zu Halberstadt. Orig. im St.-A. zu Magdbg. s. R.: Stift S. Joh. in Halberst. 7; ebenda Cop. CIV, Nr. 103.
18.	11. Apr.	1154.	Quedlinburg.	U. Zeuge in einer Urk. König Friedrich's, worin derselbe dem Kl. Sittichenbach all seine Besitzungen bestätigt u. ihm 4 Hufen unbebauten Landes, genannt Wstene, schenkt. Bünau, Friedrich I., S. 425; Stumpf RCzlr. 3864.
—	14. Juni.	„	Rom.	Der Papst Anastasius IV. beauftragt U. und das Domstift zu Halberstadt, die Besitzungen der Kirche zu Goslar in Slanstedt zu schützen. Jaffé, Reg. Pontif. S.-657; Leukfeld, Antiq. Palid. S. 281; Hempel, Invent. dipl. Sax. inf. z. J. 1154.
19.	11. Jan.	1156.	o. O.	U. bestätigt der Kirche zu Ludesburg ein Privilegium. Ludewig, Mscs. rel. I, S. 8.
—	1. Mai.	„	Halberstadt.	Kaiser Friedrich hält eine Zusammenkunft in Halberstadt, auf der U. mit

				ihm durch Bischof Eberhard von Bamberg wieder ausgesöhnt ward. „Pax optata datur, et rex hinc magnificatur", Ann. Palid. in Mon. SS. XVI, S. 89; Chron. Mont Ser. v. Eckstein, S. 28.
20.	Sept. bis Ende Dec.	1156.	o. O.	U. bestätigt die Güter des Kl. Huysburg, darunter den Zehnten zu Reinstedt und Güter in Bicklingen. Cod. Anh. I, 2, S. 313 aus dem Cop. CVIII im St.-A. zu Magdbg.
21.	o. T.	„	o. O.	U. bestätigt die v. Probst Billung zu S. Petri in Halberstadt gemachte Vertheilung der Stiftsgüter für die Pröbste und übrigen Präbenden. Orig. im St.-A zu Magdbg. s. R.: Stift S. Petri et Pauli 2 u. 2a; ebenda Cop. CIV, Nr. 57.
22.	3. Oct.	1157.	Werben.	U. bestätigt auf Bitten des Markgrafen Albrecht von Brandenburg eine Urk., worin dieser zu Gunsten d. Kl. Ilsenburg auf alle ihm zu Polkritz zustehenden Dienste verzichtet. Indictione V• statt VI•. Cod. Anh. I, 2, S. 319 aus dem ilsenburg. Copialbuch im Arch. zu Wernigerode.
23.	3. Oct. - Ende Dec.	„	o. O.	U. schenkt dem Kloster Ilsenburg gewisse Zehnten. Cod. Anh. I, 2, S. 320 aus dem ilsenburg. Copialbuch im Arch. zu Wernigerode.
24.	o. T.	„	o. O.	U. bestätigt gewisse Gütertausche des Kl. Huysburg gegen Einkünfte in Minsleben, Harsdorf, Emeringen u. Dingelstedt an einen gewissen Volkmar. St.-A. z. Magdbg. Cop, CVIII, f. 16 u. Cop. CIII, f. 311 v.
25.	o. T.	„	o. O.	U. bestätigt einen Gütertausch zwischen Kl Berge und Dietrich v. Eilenstedt. Orig. im St.-A. zu Magdbg. s. R.: Kloster Berge-Stiftung 9.
26.	Jan. - März.	1158.	o. O.	U. Zeuge in einer Urkunde des Markgrafen Albrecht v. Brandenburg, worin dieser die Schenkung seiner Mutter Eilike an das Kl. Huysburg, nemlich 2 Hufen zu Diwiche, bestätigt.

				St.-A. zu Magdbg., Cop. CVIII, 1; Cod. Anh. I, 2, S. 325; Riedel, Cod. dipl. Brbg. II, VI, 1; ausgestellt kurz vor Albrecht's Pilgerfahrt.
—	vor März	1158.	—	U. begiebt sich mit Albrecht, Markgraf von Brandenburg, dessen Gemahlin und Anderen auf eine Pilgerfahrt nach dem gelobten Lande. Mon. SS. XVI, Ann. Palid. S. 90; Eckstein, Chron. Mont. Ser. S. 29.
27.	o. T.	„	o. O.	U. gestattet dem Abte zu Huysburg, sich einen Vogt zu wählen. St.-A. zu Magdbg. Cop. CIII, f. 309v.
28.	o. T.	„	o. O.	U. bestätigt dem Klost. Huysburg die demselben von seinem Vorgänger überlassenen Güter. St.-A. zu Magdbg. Cop. CIII, f. 468 und Cop. CVIII, f. 10.
29.	o. T.	1159.	o. O.	U. übereignet dem S. Ludgerikloster b. Helmstädt einen Zehnten vom Rodeland im Walde bei Helmstädt. St.-A. zu Magdbg. Cop. CIII, f. 60v, u. Cop. CIV, Nr. 1644; Förstemann, Neue Mittheil. II, S. 459.
30.	18. Jan.	1160.	Ebendorf.	U. Zeuge in einer Urkunde Markgraf Albrecht's, worin dieser das von ihm erkaufte Gut Slantiz im Balsamerlande, im Herrschaftsgebiet seines Sohnes Otto gelegen, an das S. Lorenz-Kloster zu Hillersleben schenkt. Orig. im St.-A. zu Magdbg. s. R.: Kl. Hillersleben 9(?), danach Cod. Anh. I, 2, S. 332, Nr. 455. Das aufgedruckt gewesene parabolische Siegel ist abgefallen. Orig. Guelf. II, 482 mit Siegel; Gercken, Cod. dipl. Brbg. (nach d. Orig.) I, 10; Riedel, Cod. dipl. Brbg. I, XXII, S. 410.
—	Jan.-Sept.	„	o. O.	U. wird erwähnt in der Datirung einer Urkunde Markgraf Albrecht's v. Brandenburg, worin dieser dem Johanniterorden die Kirche zu Werben mit 6 Hufen Landes holländ. Maass schenkt. Cod. Anh. I, 2, S. 333, Nr. 456 nach dem Orig. im Geh. St.-A. zu Berlin; Riedel, Cod. dipl. Brbg. VI, 9. Wegen indictione VIII* vor dem Septbr. ausgestellt, also U. erst während der letzten vier Mon. 1160 seines Bisthums entsetzt. Mon. SS. Ann. Magd. XVI, S. 191;

—	Nov.	1163.	o. O.	Ann. Pegav. a. a. O. S. 260; Eckstein, Chron. Mont. Ser. S. 31. Bischof Ulrich von Trevizi schreibt an U., an Eberhard Bischof von Salzburg und Romanus Bischof v. Gurk. *Sudendorf Reg. II, S. 142.*
31.	o. T.	1150—60.	o. O.	U.'s Eignungsbrief für die Kirche B. V. Mariae zu Halberstadt über die angekauften Güter Hordorf, Sargstedt, Lukenen und Thietbrechtingerode. *Orig. im St.-A. zu Magdbg. s. R.: Stift B. V. Mariae zu Halberstadt 1 a.*
32.	o. T.	„	o. O.	Der Canonicus Martin schenkt dem Altar S. Stephan im Dom zu Halberstadt einige heilige Geräthe, Gewänder und Bücher sammt 2¼ Hufen in Ammendorf und 1¼ in Nienstedt zu seiner Memorie. Daran U.'s Bestätigung. *Orig. im St.-A. zu Magdbg. s. R.: Stift Halberst. XIII, 3.*
33.	o. T.	„	o. O.	U. bezeugt die Gründung des Klosters Marienthal bei Helmstädt durch Friedrich, Pfalzgrafen von Sachsen, z. Zeit seines Vorgängers Rudolf u. d. Uebereignung desselben an den Dom z. Halberstadt. *Orig. Guelf. III. Prob. Nr. 79, S. 536 nach dem Original.*
34.	30. Juni.	1177.	o. O.	U. bestätigt die Güter des Kl. Rossleben. *Schamel, Kloster Rossleben, S. 63.*
35.	28. Mai.	1178.	Oschersleben.	U. bestätigt die Besitzungen des Kl. Hamersleben. *Orig. im St.-A. zu Magdbg. s. R.: Kloster Hamersleben 3; auch Cop. CVI, f. 4ᵛ; Leukfeld, Antiq. Michaelstein, S. 37; Kunze, Kloster Hamersleben, S. 6.*
36.	o. T.	„	bei Kassel.	Philipp, Erzbischof von Cöln, und U. schliessen ein Bündniss gegen Herzog Heinrich den Löwen. *Prutz, Heinrich der Löwe, S. 485, Nr. 17,*

		1178.	—	aus dem Copialbuch des Bisth. Halberstadt im Besitz des Gymn. zu Halberstadt. U. baut Bischofsheim bei Halberstadt mit Hülfe des Markgrafen Otto von Meissen. Mon. SS. XVI, S. 262, Ann. Pegav. z. Jahr 1178; Eckstein, Chron. Mont. Ser. S. 41.
37.	11. Juni.	1179.	Gattersleben.	„pleno concilio". U. bestätigt die Besitzungen des Klosters Kaltenborn unter Aufzählung der einzelnen Güter. Schöttgen u. Kreissig, Dipl. et Scr. II, S. 699.
38.	29. Juli.	„	Erfurt.	U. Zeuge in einer Urk. Kaiser Friedrich's, worin dieser die Rechte des Nonnenklosters Ichtershausen bestätigt. Stumpf, Acta Mogunt. saec. XII, S. 90, Nr. 87, vgl v Raumer, Reg. Brbg Nr. 1457
39.	15. Aug.	„	Kayna.	U. Zeuge in einer Urk. Kaiser Friedrich's auf dem Rechtstage für Heinr. d. L. Böhmer, Reg., S 139; Forschungen VII, S. 176 ff.
—	23. Sept.	„	—	U. wird gefangen und Halberstadt zerstört. Chron. Halb. v. Schatz, S. 59; Mon. SS. XVI, S. 95, Annal. Palid.; ebenda Ann. Stederburg. S. 213; Orig. Guelf. III, S. 94.
—	nach 23. Sept.	„	o. O.	Wichmann, Erzbischof von Magdeburg, berichtet dem Domcapitel zu Mainz die Zerstörung Halberstadts und die Gefangennahme U.'s. Jaffé, Bibl. rer. germ. III, S. 410.
—	Anfg. des Jahr.	1180.	—	U. wird aus der Gefangenschaft von Herzog Heinrich dem Löwen entlassen. Chron. Mont. Ser. v. Eckstein, S. 41; Mon. SS. XVI, Ann. Pegav. S. 263.
40.	26. Juni.	„	Gattersleben.	U. verleiht dem S. Johannniskloster zu Halberstadt gewisse Güter als Ersatz für den durch die Zerstörung der Stadt erlittenen Schaden. Orig. im St.-A. z. Magdbg. s. R.; Stift S. Joh. zu Halberst. 9, und im Cop. des S. Johannisklosters f. 161 auf der Univ.-Bibl. zu Jena.
41.	o. T.	„	o. O.	U. confirmirt dem Kl. Eilwardesdorf die Kirche und die Vogtei zu Limbeck. Ludewig, Mscr. rel. I, S. 14.

Nr.	Tag.	Jahr.	Ort.	
—	o. T.	1167—80.	o. O.	Kaiser Friedrich befiehlt dem Markgrafen Otto von Brandenburg, den unrechtmässigen Anforderungen des Bischofs von Halberstadt bei dem Papste Alexander entgegen, dem Bischof Hugo von Verden in Erhaltung der Grenze zwischen den beiden Bisthümern beizustehen. Hodenberg, Verdener Geschichtsquell. II. S. 50; Stumpf RCzlr. 4563. Obgleich der Bischof von Halberstadt nicht genannt ist, so kann, da derselbe als alexandrinisch gesinnt bezeichnet wird, nur U. gemeint sein, und da der Bischof Hugo von Verden von 1167—80 regierte, so ist die Urkunde in diese Zeit zu verlegen, vielleicht in den Juni oder Juli 1179.
—	30. Juli.	1180.	Huysburg.	U. stirbt. Chron. Halb. v. Schatz S. 61; Arnold Lub. II, S. 15; Chron. Mont. Ser. v. Eckstein S. 43.

Gero von Schermke, Bischof von Halberstadt.
1160 Ende — 1177, 6. Juli.

Nr.	Tag.	Jahr.	Ort.	
42.	2. Febr.	1162.	o. O.	G. emancipirt den zur bischöfl. Kammer gehörigen Dietrich und schenkt ihn dem Kloster Huysburg. St.-A. zu Magdbg., Cop. CIII, f. 299v, und Cop. CVIII, f. 4.
43.	6. Apr.	„	Pavia.	G. ist Zeuge in einer Urkunde Kaiser Friedrich's, worin dieser mit den Bürgern von Pisa durch ihren Vertreter, den Consul Lambert, ein Schutz- und Trutzbündniss abschliesst. Cod. Anh. I, 2, S. 340, Nr. 466; Lünig, Cod. Ital. dipl. I, 1053; Stumpf RCzlr. 3936. Dass die Urkunde nicht, wie im Text steht, im Jahre 1161, sondern erst 1162 ausgestellt ist, ergiebt sich aus dem Zusatz: „post destructionem Mediolani".
—	24. Apr.	„	Cremona.	Der Gegenpapst Victor IV. ertheilt G. die Erlaubniss, dass seine Canoniker

			·	beim Gottesdienst Dalmatiken und die Aebte von Ilsenburg und Wimodeburg Mitren tragen dürfen.

Jaffé, Reg. Pontif. S. 830.

44. 7. Sept. | 1162. St. Jean d. Losne. G. ist Zeuge in einer Urkunde Kaiser Friedrich's, worin dieser den Bischof Ardicius von Genf gegen den Herzog Berthold von Zähringen und den Grafen Amadeus von Genf in Schutz nimmt.

Muratori, Antiq. ital. VI, S. 57; Spon, Hist. de Genève II, preuves 24; Cod. Anh. I, 2, S. 348; Stumpf RCzlr. 3967.

45. 8. Sept. | „ „ G. ist Zeuge in einer Urkunde Kaiser Friedrich's, worin dieser die Unmittelbarkeit des Bisthums Genf bestätigt.

Spon, Hist. de Genève II, S. 30 nach dem Orig. mit anhängendem Siegel; Cod. Anh. I, 2, S. 349; Stumpf RCzlr. 3968 hält sie für falsch.

46. 2. Apr. | 1163. o. O. G. bestimmt, dass die S. Veitkapelle zu Walingerode der S. Burchardikirche im Archidiaconat des Probstes zu Stötterlingenburg übertragen werde.

Orig. im St.-A. zu Magdbg. s. R.: Kloster Ilsenburg 4. Das Siegel ist abgefallen.

47. 28. Juli. | „ Worms. G. ist Zeuge in einer Urkunde Kaiser Friedrich's, worin dieser dem Stifte S. Simonis und Judae zu Goslar die seit lange ihm vorenthaltene Kirche zu Giersleben zurückerstattet.

Heineccius, Ant. Gosl. S. 164; Stumpf RCzlr. 3984; Böhmer, Reg. Nr. 2476; Cod. Anh. I, 2, S. 353.

48. 18. Oct. | „ (Halberstadt?) G. bestätigt alle um die Stadt Quedlinburg belegenen Zehnten des S. Wipertiklosters daselbst.

Orig. im St.-A. zu Magdbg. s. R.: Quedlinburg, S. Wiperti 1 a

49. Jan. - Sept. | 1164. o. O. G. ist Zeuge in einer Urkunde des Bischofs Heinrich von Würzburg, worin derselbe einen Gütertausch zwischen dem Hochstift Naumburg und dem Kl. Ober-Zell bestätigt.

Cod Anh. I, 2, S. 355 nach dem Orig.,

				dem das sehr schöne Siegel des Bischofs und das des Capitels in rothem Wachs aufgedrückt sind; Lepsius, Gesch. der Bischöfe von Naumburg I. 253. Wegen indictione XII* vor dem September ausgestellt.
50.	29. Apr.	1166.	Halberstadt.	G. verpfändet dem Kloster Huysburg gewisse Güter in Eilenstedt um 200 Mark, womit eine Zahlung an den Kaiser geleistet werden soll. Förstemann, Neue Mittheil. IV, 1. S. 13.
51.	28. Juni.	1168.	Würzburg.	G. ist Zeuge in einer Urkunde Kaiser Friedrich's, worin letzterer den Grafen Engelbert von Neuenburg mit dem von der Kirche zu Goslar eingetauschten Hofe Thieden an der Maas belehnt. Cod. Anh. I, 2, S. 370; Lacomblet, Urk.-Buch des Niederrheins I, 297; Orig. in Düsseldorf; Stumpf RCzlr. 4094.
52.	5. Febr.	1169.	Wallhausen.	G. ist Zeuge in einer Urkunde Kaiser Friedrich's, worin dieser der Kirche zu Merseburg zwei von dem Stiftsherrn Offo dazu gewidmete Hufen in Lunewe übergiebt. Cod Anh. I, 2, S. 372; Böhmer, Acta imp 121; Stumpf RCzlr. 4101. Das im Domarchiv zu Merseburg befindliche Orig ist so sehr beschädigt, dass vom Text fast nichts mehr zu lesen ist, die Zeugenreihe ist nur theilweise, die Datirung gar nicht beschädigt. Die Lücken in der ersteren — darunter auch der Name und Titel des G. — sind aus einem Copialbuche in Merseburg ergänzt.
53.	18. Oct.	1170.	(Halberstadt?)	G. bestätigt dem Kloster Marienthal die demselben von dem Halberstädter Ministerialen Nothung von Gattersleben geschenkten Güter zu Eschenrode, Bischofsrode und Lodicke. Cod. Anh. I, 2, S 377 aus dem Copialbuch von Marienthal (13. Jahrb); Förstemann, Neue Mittheil. IX, 3, S. 47. Ueber Eschenrode s. Cod. Anh. a. a. O. und Orig. Guelf. III, prob. 84, S. 544.
54.	o. T.	1172.	Ditfurt.	G. bestätigt die vom Probste Otto von Stötterlingenburg angekauften Güter. Orig. im St.-A. zu Magdebg. s. R.: Stötterlingenburg 1 mit aufgedrücktem ganz schlecht erhaltenem bischöfl. Siegel. Ebenda Cop. LX u, f. 19.

55.	24. Aug.	1173.	o. O.	G. bestätigt die Schenkung einer Hufe in Brandesleben durch den Ministerialen Willer von Oschersleben an das Kloster Hamersleben. St.-A. zu Magdbg. Cop. CVI, f. 6$_r$.
—	o. T.	1174.	Quedlinburg.	Martin, päpstlicher Legat und Cardinal, schlichtet einen wegen der Jurisdiction über das Stift Quedlinburg zwischen G. und der Aebtissin Adelheid ausgebrochenen Streit zu Gunsten der letzteren. Erath, Cod. dipl. Quedl. S. 96.
—	o. T.	„	o. O.	Kaiser Friedrich bestätigt dem Bischof Hugo von Verden die demselben von den am kaiserlichen Hofe versammelten Reichsfürsten zuerkannten Grenzen seiner Diöcese „quos hactenus Halverstadensis episcopus irrationabiliter occupaverat". Sudendorf, Braunschw. Urk.-Buch I, S. 2 nach dem Orig. im Archiv zu Hannover Als erster in der Zeugenreihe ist der obige Martinus, Romanę sedis cardinalis et cancellarius aufgeführt.
56.	9. Dec.	1175.	o. O.	G. übereignet dem Kloster Hamersleben 1½ Hufen in Schöningen, deren eine der Stadthauptmann Cesarius, die halbe aber Ludolf von Holzemme geschenkt haben. St.-A. zu Magdbg. Cop. CVI, fol. 16.
—	o. T.	1160 —77.	o. O.	Kaiser Friedrich sichert dem Bischof G. das Münzrecht in seiner Diöcese zu. Prutz, Heinrich d. L. S. 486, Nr. 18; Stumpf RCzlr. 4558.
—	6. Juli.	1177.	Venedig.	G. wird abgesetzt, Ulrich wieder eingesetzt und die Veräusserungen u. Verlehnungen von Kirchengut seitens des ersteren werden für ungültig erklärt. Mon. Leges II, S. 147; vgl. dazu den Friedensvertrag zu Anagni im Oct. 1176. Ueber das Verhältniss dieser zwei Verträge zu einander s. Hefele, Conciliengesch. V, S. 620 ff, Reuter, Gesch. Alexanders III., III, S. 729, Forschungen z. deutsch. Gesch. V, S. 457, Anm. 2.

Dietrich von Krosigk, Bischof von Halberstadt.
1180, 3. August — 1193, 26. Septbr.

Nr.	Tag.	Jahr.	Ort.	
57.	3. Aug. —16. Oct.	1180.	o. O.	D. bestätigt die Statuten des Stifts S. Petri u. Pauli zu Halberstadt, die Bestimmungen wegen Einziehung d. Präbende eines verstorbenen Canonikers und den Zoll am Feste S. Galli. Orig. im St.-A. zu Magdbg. s. R.: Stift Petri u. Pauli zu Halberst. 4., in doppelter Ausfertigung, die erste trägt ein parabolisches Siegel mit dem stehenden Bischof ohne Mitra und in der Umschrift das Wort: electus, die zweite hat nur ein (rundes) Siegelfragment, welches den Bischof sitzend zeigt.
58.	„	„	o. O.	D. „electus" bestätigt die Bestimmung des Probstes Werner vom S. Bonifaciusstifte zu Halberstadt wegen Verwendung der Einkünfte zur Vermehrung der Zahl der Stiftsgeistlichen. Copialbuch S. Bonif. auf der Gymn.-Bibl. zu Halberst. s. R.: M. 61, Privilegia etc. S. 18.
59.	16. Nov.	„	Erfurt.	D. Zeuge in einer Urkunde Kaiser Friedrich's, worin dieser nach Aechtung Herzog Heinrich's des Löwen Burg und Flecken Stade an Siegfried, Erzbischof von Bremen schenkt. Orig. in Hannover. Orig. Guelf. III, Prob. 88, S. 552, mit dem Fehler 1181; Lappenberg, Hamburg. Urk.-Buch I, S. 225; Böhmer 2641; Stumpf RCzlr. 4312.
60.	27. Dec.	1181.	Hamersleben.	D. bestätigt dem Kloster Hamersleben den Besitz von 1½ Hufen in Hornhausen, die sein Ministerial Bertram von Ottleben geschenkt hat. St.-A. zu Magdbg. Cop. CVI, f. 13v.

61.	o. T.	1181.	Meringen.	D. urkundet über einen von ihm und dem Erzbischof Wichmann v. Magdeburg abgeschlossenen Vertrag wegen der Grenzen zwischen den Klöstern Rhoda und Kaltenborn. Lentz, Stiftshist. v. Halberst. S. 313.
—	—	„	—	D. wird vom Kaiser Friedrich mit der Belagerung v. Blankenburg beauftragt. Mon. SS. XVI, Ann. Stederburg, S. 214. Ann. Palid. a. a. O. S. 95 ff. Ann. Pegav. a. a. O. S. 264.
—	25. Febr.	1183.	Velletri.	Papst Lucius bestätigt den von D. und dem Erzbischof Wichmann von Magdeburg geschlossenen Vertrag wegen der Grenzen der Klöster Rhoda und Kaltenborn. S. Nr. 61. Schöttgen u. Kreissig, Dipl. et Script. II, S. 702. D. wird darin ohne Namennennung noch als „electus" bezeichnet. Jaffé, Reg. Pontif. S. 842.
62.	20. Mai.	„	o. O.	D. beurkundet, dass der Berg zu Michaelstein zur Kirche daselbst gehöre. Erath, Cod. dipl. Quedl. S. 102.
63.	22. Febr.	1184.	o. O.	D.'s Statut über das Gnadenjahr beim Collegialstift B. V. Mariae zu Halberstadt und Bestätigung aller Gebräuche desselben. Orig. im St.-A. zu Magdbg. s. R.: Stift B. V. Mariae zu Halberstadt 6 mit anhangendem Siegel. Ebenda sub 7 findet sich eine zweite Ausfertigung, die vom Schluss der cominatio an sich von der ersten durch das angegebene Datum und einige Verschiedenheiten in der Zeugenaufführung unterscheidet.
64.	29. März.	„	Aschersleben.	in plena sinodo. D. bestätigt dem Kl. Kaltenborn seine Besitzungen und Güter in Entzingen, die vorher der Ministerial Bevo besessen. Schöttgen u. Kreissig, Dipl. et Script. II, S. 703.
65.	6. Mai.	„	Halberstadt.	D. bestätigt die Stiftung einer Memorie seitens des Ministerialen Cesarius durch Schenkung all seiner Güter zu

				Osterhersleben, der Kapelle zu Wiboy mit allem Zubehör an den Dom zu Halberstadt gegen eine Präbende für sich und seinen Sohn Dietrich. Orig. im St.-A. zu Magdbg. s, R.: Stift Halberst. XIII, 4 u. 5. Das zweite Exemplar ist an mehreren Stellen beschädigt, das Siegel lose.
66.	27. Mai.	1184.	Oschersleben.	in generali sinodo. D. schlichtet einen Streit zwischen Anselm, Domherrn zu Halberstadt und Otto, Probst zu Stötterlingenburg über den Archidiaconat zu Callene. Orig. im St.-A. zu Magdbg. s. R.: Stift Halberst. XII, 1; und Cop. LX a, fol. 1.
67.	o. T.	„	o. O.	D. bestätigt das Testament des Probstes Rudolf, worin dieser gegen Stiftung einer Memorie für sich seine Curie dem Domherrn Romarus vermacht. Orig. im St.-A. zu Magdbg. s. R.: Stift Halberstadt XIII, 5 a, mit anhangendem sehr verdrücktem Siegel.
68.	o. T.	„	o. O.	D. befreit das Stift B. V. Mariae zu Halberstadt von aller Vogtei und weltlichen Gerichtsbarkeit bezüglich einer demselben gehörigen Curie in der Vorstadt. Orig. im St.-A. zu Magdbg. s R.: Stift B. V. Mariae zu Halberstadt 8 Mit dem bischöflichen Siegel.
69.	26. Apr.	1185.	Halberstadt.	D. bestätigt eine dem Dome zu Halberstadt zu einer Memorie für den Dechanten Conrad gemachte Schenkung von 2 durch Otto von Schwanebeck resignirten Hufen in Wester-Quenstädt. Orig. im St-A. zu Magdbg s. R.: Stift Halberst. XIII, 6 mit sehr verdrücktem, scheinbar parabolischem Siegel des Bischofs.
70.	19. Juli.	„	„	in sinodo publica. D. beurkundet, dass „venerabilis frater noster Gero" für sich und seine Brüder, die Edlen Hugo und Bodo von Schochwiz dem Dom zu Hal-

				berstadt eine Hufe in Ditfurt geschenkt habe. Orig. im St.-A. zu Magdbg. s. R.: Stift Halberstadt XIII, 7, ebenda zwei Copien in Cop. CI, f. 24 u. 217.
71.	12. Sept.	1185.	Huysburg.	D. überträgt auf Bitten einer gewissen Adelheid zu deren Memorie dem Kloster Huysburg 2¼ Hufen zu Badesleben. St.-A. zu Magdbg. Cop. CIII, f. 311ᵛ, und Cop. CVIII, f. 16ᵛ; Leukfeld, Antiq. Num. Halb. S. 96.
72.	17. Apr.	1186.	Halberstadt.	in plena synodo. D. überträgt dem von ihm gestifteten S. Thomaskloster in Halberstadt eine Kapelle in Oschersleben, sowie Güter daselbst und in Emersleben und Ovelde. Leukfeld, Antiq. Num. Halb. S. 94.
73.	28. Nov.	„	„	D. bestätigt dem Kloster Hamersleben einige Güter in Schöningen und Hersleben. St.-A. zu Magdbg. Cop. CVI, f. 16; Leukfeld, Antiq. Kaltenborn, S. 107.
74.	17. Dec.	„	„	D. urkundet über einen Vergleich zwischen dem Dome zu Halberstadt und dem edlen Manne Sigfried, welcher gegen eine Präbende und die Einräumung eines Hofes innerhalb der Stadt dem Dom zu Halberstadt 50 Mark Silber zur Einlösung eines Zehntens u. s. w. giebt. Orig. im St.-A. zu Magdbg s. R.: Stift Halberst. XIII, 8.
75.	28. Apr.	1187.	o. O.	D. bestätigt den Tausch Meiner's von Wirbene von 13 Hufen zu Hornhausen gegen 9 Hufen zu Milsow um einen jährlichen Zins von 45 Schilling aus Alten-Wenden, dem Stift B. V. Mariae zu Halberstadt gehörig. Orig. im St.-A. zu Magdbg. s. R.: Stift B. V. Mariae zu Halb. 10. Daran das bischöfliche Siegel, mit einem von dem bisherigen verschiedenen Stempel aufgedrückt.

76.	o. T.	1187.	o. O.	D. bestätigt die Güter des Klosters Drübeck und vergleicht den Grafen v. Blankenburg und das Kloster Schöningen wegen streitigen Besitzes. Orig. im St.-A. zu Magdbg. s. R.: Kloster Drübeck 1 a.
77.	o. T.	„	o. O.	D. schenkt der Kirche zu Niendorf den Ackerzehnten daselbst u. s. w. Orig. im St.-A. zu Magdbg. s. R.: Dorf Niendorf 1.
78.	o. T.	1188.	o. O.	D. bestätigt die Anordnungen des Probstes Werner zu Bossleben. Orig. im St.-A. zu Magdbg. s. R.: Stadt Halberstadt, Stift S. Bonifacii 2.
79.	10. Juni.	1189.	Gattersleben.	in plena sinodo. D. bestätigt dem Kl. Kaltenborn einige Güter, die früher Heinrich von Lodersleben zum Theil unrechtmässig in Besitz gehabt hat. Lentz, Stiftshistorie von Halberst., S. 314, Nr. II.
80.	„	„	„	in plena sinodo. D. bestätigt dem Kl. Kaltenborn den Besitz des Novalzehntens in Holvenstadt, des Zehntens eines Weinbergs in Gatterstedt, sowie einiger Aecker in Bornstedt und die Vogtei über einige Güter in Entzingen. Lentz, Stiftshistorie von Halberst., S. 315, Nr. III.
81.	—	„	—	D. bestätigt den Ankauf gewisser Ländereien durch den Probst B. V. Mariae zu Halberstadt. Orig. im St.-A. zu Magdbg. s. R.: Stift B. V. Mariae in Halberst. 12.
82.	24. Juni.	1190.	Aldenburg.	D. Zeuge in einer Urkunde König Heinrich's VI., worin dieser dem S. Nicolaistifte zu Stendal 20 Pfund Einkünfte übereignet, die zu den landesherrlichen Hebungen der Mark Brandenburg gehören. Riedel, Cod. dipl. Brbg. I, V, S. 24; vgl. dazu die a. a. O. folgende Urkunde Otto's S. 25.

83.	o. T.	1191.	Stendal.	D. Zeuge in einer Urkunde des Grafen Heinrich in Gardelegen, welcher der Kirche zu Lutter im Herzogthum Braunschweig zwei derselben von den Zeiten der Slawen her zugehörige Hufen Landes in Volgfelde zurückgiebt. Riedel, Cod. dipl. Brbg. I, XVIII, S. 436 nach dem Orig. im Archiv zu Wolfenbüttel.
84.	o. T.	1190.	o. O.	D. trifft Anordnungen für die Colonisten im Bruch zwischen Ocker und Bode. Urk.-Buch für Niedersachsen II, S. 32.
—	26. Jan.	1191.	o. O.	Papst Cölestin's III. Schutzbrief für die von D. im Jahre 1186 bei Halberstadt gestiftete und den Prämonstratensern eingegebene Thomaskirche daselbst. Orig. im St.-A. zu Magdbg. s. R.: Kirchen und Kapellen zu Halberst. 1.
85.	o. T.	„	o. O.	D. stiftet einen Vergleich zwischen dem Kloster Ilsenburg und dem Ministerialen Degenhard wegen des Lehens eines Ackers. Orig. im St.-A. z. Magdbg. s. R.: Kloster Ilsenburg 6.
86.	o. T.	1193.	o. O.	D. urkundet über eine von Sigfried v. Quenstädt gemachte Schenkung von Wald und Ackerland an das Stift B. V. Mariae zu Halberstadt. Orig. im St.-A. zu Magdbg. s. R.: Stift B. V. Mariae zu Halberst. 13 a.
87.	o. T.	„	o. O.	D. bestätigt von neuem eine Schenkung eines Elfwingus an das Stift S. Pauli zu Halberstadt. Orig. im St.-A. zu Magdbg. s. R.: Stift S. Petri u. Pauli 5.
88.	o. T.	1180 —93.	o. O.	D. bezeugt, dass der Arzt Rodgerus der Kirche B. V. Mariae zu Halberstadt einen halben Hof mit den dazu

				gehörigen Gebäuden zu seiner Memorie geschenkt habe. Orig. im St.-A. zu Magdbg. s. R.: Stift B. V. Mariae zu Halberstadt 4, mit anhangendem bischöflichem Siegel.
89.	o. T.	1180 — 93.	o. O.	D. bestätigt die Schenkung von Linbeck. Ludewig, Rel. Mscr. I, 14.
—	26. Sept.	1193.	—	D. stirbt. Chron. Halb. v. Schatz, S. 62. Potthast II, S. 328.

Lebenslauf.

Ich Gottfried von Bülow bin am 31. Juli 1831 zu Gnadenfrei in Schlesien geboren als dritter Sohn des königl. preuss. Oberstlieutenants a. D. Ludwig von Bülow und der Caroline von Bülow, geb. von Gadow a. d. H. Hugoldsdorf in Pommern. Nachdem ich das Pädagogium zu Niesky absolvirt hatte, bezog ich im Herbst 1851 das theologische Seminar der Brüdergemeine zu Gnadenfeld in Oberschlesien, und studirte daselbst während 6 Semester Theologie. Zu Neujahr 1868 trat ich bei dem königl. Staats-Archiv zu Magdeburg als Volontär ein und verblieb daselbst bis zum Frühjahr 1869, wo ich mich auf die Universität Berlin begab, um daselbst die Vorlesungen des Prof. Jaffé über Paläographie, Diplomatik und Chronologie zu hören und an dessen paläographischen Uebungen Theil zu nehmen. Ausserdem hörte ich Prof. Hübler über Kirchenrecht und Prof. Homeyer über den Sachsenspiegel.

Allen meinen Lehrern sage ich meinen wärmsten Dank.

Sententiae controversae.

1. Artem sphragisticam ad genuinas tabulas a spuriis discernendas necessariam esse.
2. Cognitionem nummorum maximi momenti esse in historia exploranda.
3. Chartas et diplomata optima historiae medii aevi testimonia esse.
4. Chartam illam Ottonis III regis (cfr. Jaffé Quadraginta diplomata pag. 22. no. 18), qua ecclesiae S. Mauricii Magdeburgensi Emmam litam dono dat, adulterinam non esse.
5. Chronicon Eiconi Repgowio tributum circa annos 1230—1240 ortum esse.